科技型中小企业云融资模式

王洪生 著

中国财经出版传媒集团
经济科学出版社
Economic Science Press

图书在版编目（CIP）数据

科技型中小企业云融资模式/王洪生著．—北京：经济科学出版社，2018.6

ISBN 978-7-5141-9502-6

Ⅰ.①科… Ⅱ.①王… Ⅲ.①计算机网络-应用-高技术企业-中小企业-企业融资-融资模式-研究-中国 Ⅳ.①F279.244.4-39

中国版本图书馆 CIP 数据核字（2018）第 150946 号

责任编辑：申先菊　王新宇
责任校对：靳玉环
版式设计：齐　杰
责任印制：王世伟

科技型中小企业云融资模式

王洪生　著

经济科学出版社出版、发行　新华书店经销

社址：北京市海淀区阜成路甲 28 号　邮编：100142

总编部电话：010-88191217　发行部电话：010-88191522

网址：www.esp.com.cn

电子邮件：esp@esp.com.cn

天猫网店：经济科学出版社旗舰店

网址：http://jjkxcbs.tmall.com

北京季蜂印刷有限公司印装

710×1000　16 开　10.25 印张　160000 字

2018 年 6 月第 1 版　2018 年 6 月第 1 次印刷

ISBN 978-7-5141-9502-6　定价：68.00 元

（图书出现印装问题，本社负责调换。电话：010-88191510）

前　言

人类社会的历史进程中，每次大的进步都是由革命性技术推动的。随着互联网的发展，以信息技术为代表的革命在全球范围内展开。近年来，伴随着云计算、大数据、物联网的快速覆盖和迅速发展，新一轮信息技术引领的革命正在发生，这些新的变革对旧的发展模式产生了颠覆性影响，最为明显的特征就是商业环境的巨大变化，主要表现为组织边界模糊化，直接改变了企业与资源建立连接的方式，即可实现分散和闲置资源优化配置，为企业低成本高效率搜寻外部资源“为我所用”和释放内部资源潜力创造了基础。这使得企业能以非常低的成本把分散、海量、碎片化的资源聚合起来，在极大程度上丰富了网络资源，网络中可传递与利用的资源更加丰富多样。概括起来，这种变化主要表现出无边界、低成本和高效率三大特征，使得信息、资源和资金交互作用方式更加丰富多样。例如，从非均衡到均衡、从点对点到网对网、从个体到平台、从平台到生态系统等，这为全方位、全时空的配置与利用社会中零散和闲置资源提供了可能。此外，信息技术的广泛应用，使得交易成本不断降低，甚至向边际成本为零的趋势演进，由此带来的变化即为资源边界刚性消退。

正是在这样的发展背景下，本书以更开放、更民主、低成本、高效率为特征，探索我国科技型中小企业融资模式的创新路径，提出了科技型中小企业云融资模式。本书旨在通过探讨科技型中小企业云融资模式，丰富中小企业融资研究领域的相关理论体系，改变对已有创新的认识，对新创新理念的形成起到引导作用，从而为实践应用和理论研究提供借鉴。区别于传统的融资模式，科技型中小企业云融资模式是一种各类主体自由自愿参与的民主式模式，在全球范围内整合广泛的资金资源，以更低的成本和更高的效率开展的融资模式。作为基于互联网背景探讨的融资模式创新研究，不能仅仅停留在理论层面的探讨，还应尽可能服务于实践。为此，围绕以下三方面对科技型中小企业云融资模式展开了较为系统的探索：一、科技型中小企业云融资模式是在互联网与传统行业全面融合的背景下基于云创新视角提出的一种新型融资模式，它是一种低成本、高效率的融资模式。这种融资模式可以使融资主体之间的信息不对称得以缓解，风险收益不匹配得以化解，并且围绕融资平台形成了多方共赢的生态圈。二、科技型中小企业云融资模式由多主体与多要素参与和实施，包括资金需求主体、商业资金供给主体、政府、中介服务机构等主体要素；资金、信息、服务等传导要素；政府扶持环境、法制建设环境、创新文化环境以社会信用等环境要素，它们在云融资模式中承担着不同的角色和作用，与此同时，微观学习、动力运行、利益导向、组织协调、信用合作、风险分担以及互动选择是该模式的保障和运行机制。三、根据科技型中小企业云融资模式要素、运行机制以及仿真分析，通过发挥政府的政策扶持和法律监督作用、提升自身的创新水平、加大资金提供主体的监督、改善中介机构服务水平、强化主体之间的互动以及改善金融生态环境等措施可以保障云融资模式高效运转，解决科技型中小企业融资困境。

本书主要有以下创新点。

（1）论文从云创新理论视角探索了科技型中小企业的融资模式创新，认为基于云创新视角的云融资模式可以一定程度上解决传统融资模式中的信息不对称问题和风险收益不对称问题，能够使科技型中小企业得到高效率、低成本的资金，从而能够化解科技型中小企业融资难的问题。云融资模式突破了传统融资模式理论的时代局限性，对企业融资理论起到了补充和丰富作用。

（2）科技型中小企业云融资模式清楚地界定了各参与融资主体的作用和地位，细致阐述了云融资模式的各种运行机制，利用建模仿真的科学方法解析了科技型中小企业融资活动的内在作用机理，为解决科技型中小企业融资难、融资贵提供了化解思路，具有一定的实践意义。

（3）在国家大力发展普惠金融，互联网金融的时代，适时地提出了科技型中小企业云融资模式，使互联网金融真正地服务于实体经济，实现了虚拟经济和实体经济的良性互动，对国家发展互联网金融具有划时代的实践意义，同时云融资模式的提出对于国家深化金融改革具有一定的参考价值。

本书由王洪生副教授撰写完成，在本书写作过程中得到了诸多人的帮助，尤其是我的博士生导师张玉明教授，硕士生导师辛立国副教授，齐鲁工业大学的刘德胜副教授等，在书将付梓之际向他们表示诚挚谢意。此外，写作也参考了一些学者的研究成果，从中得到了一些建设性启示，已尽可能地把相关学者的贡献在书中一一注明，一并在此致谢。最后，感谢各位专家对本书编辑和出版给予的热情帮助和支持，对《科技型中小企业云融资模式》研究尚处于探索和发展阶段，希望此书能够在中小企业融资模式创新研究方面起到“抛砖引玉”的作用。当然，作为一本探索性的著作，本书难免存在不足之处，敬请各界同仁批评指正，以鞭策我们在创新研究领域不断成长与进步。

王洪生　博士
山东农业大学经济管理学院

目录

CONTENTS

第 1 章

绪　论

科技型中小企业对国家科技进步、社会就业、经济结构调整与产业升级承担着至关重要的角色，但其融资困难也成为世界各国面临的共同难题①，因此，该方面的研究具有广阔的研究意义及应用价值。本章在概述科技型中小企业融资现状的基础上阐述研究问题，提出基于云创新的视角构建科技型中小企业云融资模式解决科技型中小企业融资难，形成并构建了本书的研究内容和研究框架。

1.1　选题背景与研究意义

科技型中小企业的技术创新，尤其是在其种子期和初创期具有高风险、高失败率等特点，与金融机构存在严重信息不对称，再加上银行存在严重惜贷现象，导致其融资难、融资贵问题特别严峻，使得我国科技型中小企业融资渠道更为单一，持续健康发展中面临巨大的资金缺口。如何在互联网金融深度发展、大数据与云计算全面应用的时代背景下对科技型中小企业的融资模式进行创新，破解其融资难、融资贵的瓶颈，推动科技型中小企业持续健康发展应引

① 王洪生，张玉明．科技型中小企业云融资模式研究［J］．科技管理研究，2014（13）：76－81.

发人们的深思和研究。

1.1.1 选题背景

科技型中小企业，一般是指科技人员在全体员工中占有较高的比例；所生产、销售的产品或服务富有高新技术含量；研究与开发经费占企业年销售额比例达到2% ~5%的知识密集型经济实体[①]。该类企业对国家的科技进步、经济建设以及社会和谐发展具有极高的价值和深远的意义。据相关资料统计，我国约65%的专利、75%以上的技术创新以及80%以上的新产品是由科技型中小企业发明和开发的（胡永健等，2008）[②]。此外，朱岩梅等（2009）[③] 的统计结果显示，科技型中小企业在解决社会就业以及经济效益方面远远高于大企业。对于每单位资金投入来说，中小企业创造的就业机会是大企业的 8 ~ 10 倍，创造的 GDP（Gross Domestic Product，国内生产总值）是大企业的 4 ~ 6 倍。由此来看，科技型中小企业是国家创新主要力量和经济增长重要源泉，其健康成长和发展对整个国民经济系统稳定运行以及社会和谐健康发展具有重要意义。科技创新是科技型中小企业的灵魂，但科技创新活动的顺利开展需要大量的资金支持，尤其是科技成果转化为市场上有价值的商品或服务需要更多的资金。尽管各国高科技企业融资特点各不相同，但其融资难、融资贵却是世界各国共同面临的问题，再加上我国还没有国外健全的风险投资法律保障和丰富的资本市场以支持科技型中小企业的持续健康发展，主要表现为投融资体制结构单一。我国的科技型中小型企业的技术创新资金主要来源于政府资金、财政科技拨款和银行贷款，这种投融资体制模式主导着企业的技术创新，对部分企业的技术创新发挥了一定作用，但是资金的数量远远不足以支撑企业长期健康发展。与此同时，我国民间资金供应充足，2013 年10 月，

---

① 李永宁．科技型中小企业融资缺陷的根源及化解途径［J］．经济纵横，2009（3）：98 – 100.

② 胡永健，周寄中．政府直接资助强度与企业技术创新投入的关系研究［J］．中国软科学，2008（11）：141 – 148.

③ 朱岩梅，吴霁虹．我国创新型中小企业发展的主要障碍及对策研究［J］．中国软科学，2009（9）：23 – 31.

我国居民储蓄存款余额超过44万亿[①]，虽然政府一再鼓励中小企业吸纳民间投资，但是当前民间投资操作的不透明、融资成本奇高使众多科技型中小企业望而却步。因此，如何化解科技型中小企业的融资困境成为学术界和实践界极为关心的课题。

国内外学者对解决该类企业的融资困境提出了一些有建设性的模式和建议，比如成立专业科技银行、风险投资以及建立多层次资本市场等方式，但是这些方式具有时代局限性，需要更加开放的创新思路来解决问题。创新缔造了人类社会进步，驱动着历史前进的步伐。人类历史上经历了四次重要的技术革命：工业革命、电力革命、信息技术革命、新能源技术革命，每一次时代变革都由大量创新所推动，创新形式随着时代变迁也在不断地优化调整，以能更好地适应新环境。在人类社会进入以互联网大规模应用为表征的第五次变革时期，传统创新模式面临巨大挑战，它的不适性开始显现。一方面，传统创新的高投入、高风险特征使企业创新发展受到制约；另一方面，传统创新的开放程度低、参与程度低、缺乏互动性。传统创新封闭性高，具有高度机密性，人才、资金等创新资源以企业内部为主，参与创新的主体具有小众化特征，传统创新主体间缺乏互动，主要表现为企业创新思想仅来自某个或某几个精英人物，在创新形成的早期阶段，需求方几乎不参与创新思想或创意形成过程，大大降低了创新互动程度和民主化水平。这种情况下，云创新（Cloud Innovation）模式应势而生，云创新是在全球范围内，通过各种形式的网络平台（从一般性的机构间协作网络、企业内部研发协同平台直到互联网社区）所形成的大规模的、成本低廉的、高度通畅的、极易扩展的网络基础，将大范围内的各种技术知识人才连接到一起，把分散的、自发的、海量的创新资源（人才、技术、资金、知识等）聚合起来，形成一个充分体现群体智慧、整合创新资源、规范化的创新共同体，为企业、团体或个人提供持续发展的“营养源”[②]。科技型中小企业作为国家创新的生力军，不仅可以利用云创新的群体智慧、低成

① 马秋君．中国高科技企业融资问题研究［M］．北京：北京科学技术出版社，2013.

② 任丽梅，黄斌．云创新21世纪的创新模式［M］．北京：中共中央党校出版社，2010：18－19.

本、高效率的特征解决其创新人才不足、资源薄弱的劣势，同时也可以利用云创新的思想在全球范围内寻求资金、拓宽融资渠道。

互联网正在改变中国金融业的业态和格局。互联网与传统金融业的深度融合逐步发展成为互联网金融，并在中国大地风起云涌。在互联网金融模式下，因为有搜索引擎、大数据、社交网络和云计算，市场信息不对称程度非常低；银行、券商和交易所等中介都不起作用；贷款、股票、债券等的发行和交易以及券款支付直接在网上进行，这个市场充分有效，接近一般均衡定理描述的无金融中介状态；资金供需双方直接交易，在促进经济增长的同时，大幅减少交易成本①。党的十八届三中全会提出发展普惠金融，2014 年政府工作报告更是进一步明确提出要促进互联网金融健康发展。互联网金融因其资源开放化、成本集约化、渠道自主化、用户行为价值化等优点，将对传统银行业务带来巨大冲击。美国的众筹网站就是充分利用互联网的“自由、平等、民主、共享”等特征实现了融资方式的创新，为个人、民间、机构投资者和渴求资金的小微企业架起了一座桥梁。从中国政府不断出台的金融、财税改革政策中不难看出，惠及扶持中小企业发展已经成为主旋律，而从互联网金融这种小型分散化理财的属性来看，相比传统金融机构和渠道而言，则更易受到中小微企业的青睐，也更符合其发展模式和刚性需求②。中国在互联网金融创新方面才刚刚起步，需要系统地认识和理解这种融资创新系统，更好地运用到实践中，解决科技型中小企业融资难的现实情况。

本书的研究就是在这样一个背景下提出，科技型中小企业的健康持续发展是我国经济良性发展、社会安定团结、创新型国家建设的重要保障，而在其发展过程中却面临着融资渠道单一、融资难的现实情况。互联网背景下的云创新为人们提供了更加开放、民主、低成本高效率的创新模式，而且互联网金融已经在全球范围内风起云涌，迅猛发展。本书研究的目标是通过对科技型中小企业不同发展阶段资金需求特点和融资难的成因的深入分析，利用云创新的思想

---

① 谢平，邹传伟．互联网金融模式研究［J］．金融研究，2012（12）：11－22.

② 李诗洋．互联网金融时代：中国金融体系何去何从［J］．国际金融，2013（11）：26－28.

探索科技型中小企业融资模式的创新，为解决中国科技型中小企业融资难题提供理论依据和借鉴。

1.1.2　研究意义

在上述的研究背景下，基于云创新的视角对科技型中小企业融资模式的创新研究具有十分重要的意义。

（1）科技型中小企业融资模式创新的研究在全球化和信息化背景下对企业金融成长周期理论和优序融资理论进行了验证和丰富。20 世纪 90 年代，美国经济学家伯杰提出了企业金融成长周期理论，动态地揭示了企业成长过程中资本结构的变化规律。在企业的初创期，鉴于信息不透明程度较高，因而外源融资的可能性很低。但在当前全球化、大数据广泛应用的互联网时代，在企业的初创期可以通过外源融资，比如众筹模式、P2P（Peer to Peer，对等网络）模式等获得发展资金。

（2）在以互联网为特征的知识经济社会背景下，为创新理论的研究和应用做了进一步的拓展。云创新是基于互联网的“开放、共享、民主、便捷”精神运用科学的管理方式、运作过程以及合作机制，超越组织边界和地域限制，由众多利益相关方共同参与的创新模式，是对创新模式本身的再创新。它具有开放性、民主性、低成本、高效率等特征，应用云创新的思想解决企业发展中的实际困难。

（3）有利于化解科技型中小企业融资难、融资贵等困境，促进科技型中小企业进入“快车道”稳健发展。本书在研究科技型中小企业融资特点和中国实际融资环境基础上，寻找中小企业融资模式的创新方式，通过融资模式的创新使科技型中小企业及时高效地得到低成本的资金，使企业的科技创新工作顺利进行。科技成果能够转化为有价值的商品或服务，有利于科技型中小企业扩大经营规模，实现持续健康发展。

（4）有利于中国金融生态环境的改善。改革开放以来，我国的金融产业有了长足发展，金融创新不断深化，但是对创新资源金融化和创新知识资本化的金融机制的培育还不够完善[①]。科技型中小企业融资创新的实现必将使民间闲置的资本得到高效利用，对正规金融机构的传统信贷业务发展带来压力和挑战，对中国的金融改革和创新形成倒逼机制，从而有利于整个金融生态服务环境的改善。

（5）有利于消除中小企业发展瓶颈，促进国民经济健康持续发展。中小企业是国民经济的重要组成部分，国民经济的运行状况不仅仅是由大企业决定的，还由千千万万个小企业的命运决定。本书的研究有利于解决中小企业面临的融资障碍，消除了中小企业发展中的瓶颈问题，这对于促进中小企业自身发展乃至整个国民经济的健康持续发展都具有十分重要的现实意义。

1.2 研究现状与发展动态

科技型中小企业的持续健康发展取决于企业获得资金的及时性和资金成本，高效的融资模式有利于保障科技型中小企业获得“低成本、高效率”的资金[②]。梳理科技型中小企业传统融资模式及互联网背景下的融资模式，并在分析其相对利弊的基础上进行创新，建立更加高效的融资模式。

1.2.1 传统融资模式

科技型中小企业技术创新的“高风险、高失败率”导致融资障碍，国内外学者有关融资障碍解决对策的研究非常多，其中提出的有代表性的融资模式主要包括：第一，风险投资融资模式。Ronald，Gilson（1998）指出美国的高科技企业融资构成主要依赖于其风险资本市场的发展过程，它是高科技企业融资的最好渠道。Leslie A. Seng Phicippec Wells（2000）指出美国50%以上的高

① 林德发．我国技术创新金融支持的现状分析［J］．生产力研究，2009（2）：9-10.

② 王洪生．金融环境、融资能力与中小型科技企业成长［J］．当代经济研究，2014（2）：86.

科技企业在发展过程中得到风险投资的帮助和支持。科技部部长万钢（2007）指出风险投资能促进科技成果转移和转化的科技型中小企业的拘束创新活动。第二，质押担保融资模式①。李红梅（2007）认为鉴于科技中小企业高风险的特点，可采用有价证券等进行担保融资。吕焱、于洪文（2007）根据科技中小企业自身特点以及银行规避风险的经验原则，建议企业采用知识产权、专利担保、股权质押等方式进行融资。第三，科技发展基金融资模式。李磊（2007），韩瑞强、许承明（2008）提出，应建立科技型中小企业技术创新基金。建立债权融资机构，保障科技型中小企业融资畅通。第四，完善资本市场融资模式。王国刚（2004），李永宁（2009）提出完善证券资本市场，扩大直接融资渠道解决科技型中小企业融资难。第五，专业科技银行融资模式。王岚，王树恩（2006）建议自上而下建立一家针对科技型中小企业的政策性银行，施行比一般市场利率低的优惠贷款利率，为其提供中长期贷款资金。

1.2.2 互联网融资模式

近几年，互联网金融发展的风起云涌造就了众多高效、便捷的融资模式，其中 P2P 网络借贷和众筹融资拓宽了科技型中小企业的融资渠道。

1. P2P 网络融资方式

P2P 本质上是通过第三方网络平台连接个人借贷者，第一个 P2P 网络借贷平台 Zopa 于 2005 年在英国诞生，此后，Lending Club、Kiva 等 P2P 网络平台迅速建立，并在世界范围内广泛应用。2010 年全球范围内的 P2P 平台已增至 33 种②（Alexander 等，2011）。截至 2015 年 1 月 31 日，零壹数据纳入统计的平台共 2035 家（仅包括有线上业务的 P2P 平台），其中正常运营的有 1570

---

① 马秋君．中国高科技企业融资问题研究［M］．北京：北京科学技术出版社，2013.

② Alexander Bachmann，Alexander Becker，Daniel Buerckner，et al. *Online Peer－to－Peer Lending：A literature Review*［J］. *Journal of Internet Banking and Commerce*，2011，16（2）：1－18.

家①。目前中国的网贷平台主要有四运营模式，其运作模式、收益情况以及典型平台见表1-1。

表1-1　　P2P平台的四种运营模式

模式名称	运行规则	可操作性	典型平台
无担保线上交易模式	网贷平台只充当“牵线人”，不承诺保障出资人的本金	可操作性不强	拍拍贷
线下担保线上交易模式	网贷平台与担保机构合作，贷前核实借款人信息，负责贷中、贷后的资金管理，同时扮演担保人和联合追款人的双重角色	可控性较强，投资风险较低，收益率较低，网贷平台的成本负担更重	你我贷
线上互动线下交易模式	网络平台只起到传播消息的渠道，有意愿需当面洽谈，要求借款人抵押，对出资人提供担保	风险较低，收益也小，受到一定的地理环境因素制约	红岭投资
线上线下结合交易模式	交易额在额度参数以下的完全实行线上模式，超过参数界定范围则可选择实行线下交易模式，注重实地考察并要求实物抵押	结合了单纯线上或线下交易的优势，可操作性强	陆金所

2013年，基于互联网技术的P2P借贷服务模式呈现出迅猛发展势头，这与中国大量的投融资需求有关。个人和小微企业资金需求规模小，可抵押资产少难以从审查程序严格的银行体系融资，也不可能利用信托、PE（Private Equity，私募股权投资）等方式取得。但是，民间大量群体存在相当数量的闲散资金，P2P网络平台，采用标准化的金融产品为个人、小微企业资金需求方与民间大量的闲散资金架起了互通的桥梁。2014年，截至11月底，累计成交金额2451亿元，年底突破2500亿元，达2528亿元，全年成交金额翻了2.5倍②。张正平，胡夏露（2013）指出，中国P2P虽然发展迅速，但法规缺失、

① 张庆.2015年1月全国P2P平台概况［N］.零壹财经，2015-02-02.

② http：//finance.stockstar.com/SS2014120800002053.shtml.

监管不足、潜在风险加大制约了该行业可持续发展[①]。

2. 众筹融资模式

美国最早出现了众筹（Crowdfunding）这一新兴融资模式。Mollick（2012）[②] 对众筹的定义为：融资者借助于互联网上的众筹融资平台为其项目向广泛的投资者融资，投资者通过少量的投资金额从融资者那里获得实物或股权回报[③]。参与众筹融资的投资者往往怀有不同的目的，有的是为了享受参与创新的过程，不求经济方面的回报；有的把这种投资作为一种慈善行为；还有的投资者或以较低的价格获得产品从而获得经济上的回报，或通过股权方式获得共享项目成功后的回报。与此同时，参与众筹的融资者不仅可获得项目融资，还能获得技术或管理经验上的帮助，与消费者和投资者的互动交流能获取开发产品的市场信息、接受程度，从而贴近市场操作。2012 年 4 月，美国通过 JOBS（Jumpstar Our Business Startups Act，促进创业企业融资法案）法案，允许小企业通过众筹融资获得股权资本，使得众筹融资替代部分传统证券业务成为可能。肖本华（2013）[④] 在总结美国众筹融资模式成功经验后建议在我国部分地区进行试点众筹融资模式，并指出这种试点最适合在科技金融和文化金融领域进行。随着人们对互联网金融接受能力的提高，我国也出现了“点名时间”“点梦时刻”“好梦网”“淘梦网”等一系列众筹融资平台，除了“点名时间”与“点梦时刻”成功融资并开发出产品，运转较好外，其他成功的项目很少，与美国众筹融资欣欣向荣的景象截然相反。其关键原因是我国投资人对收益的强烈追求，投资人不愿意花费时间和精力判断一个项目的前景，况且由于监管的阻力不是股权或是资金回报；再者，我国整体收入水平偏低，白领群体较少，精神价值回报与真金白银的回报相比在目前现阶段还未得到认可。

综上所述，可以看出，对于科技型中小企业融资模式的研究，仅是从该类

---

① 张正平，胡夏露. P2P 网络借贷：国际发展与中国实践［J］. 北京工商大学学报，2013（2）：87.

② Ethan Mollick. *The Dynamics of Crowdfunding Determinants of Success and Failure*［C］. SSRN Electronic Journal. SSRN. Doi：10. 2139/ssrn. 2088298，2012.

③ 王洪生，张玉明. 科技型中小企业云融资模式研究［J］. 科技管理研究，2014（13）：76 - 81.

④ 肖本华. 美国众筹融资模式的发展及其对我国的启示［J］. 国际金融，2013（1）：52 - 54.

企业特定发展阶段提出的建议，未考虑到企业发展的动态性，具有一定的时代局限性。另外，在美国等发达国家，科技型中小企业发展迅速，融资相对容易主要是具有成熟的风险投资机制保障和多元化的资本市场，而中国的风险资本、资本市场等发育程度还不很成熟。中国的科技企业融资困境的化解还要从中国的实际出发，从科技型中小企业的自身特点出发。互联网背景下，P2P 和众筹融资模式也只能解决小部分资金缺口。如何整合更多的资源，对科技型中小企业实现动态、低成本的融资是当前实践界和学术界共同关心的问题。

1.3 研究内容与研究框架

1.3.1 概念界定

1. 科技型中小企业

科技型中小企业是指以科技人员为主体，以高新技术及产品的研发、生产转化和销售经营为主要任务，独立核算的知识密集型经济实体，并且凡研究与开发经费占企业年销售额比例达到 2% ~5% 的均被认为是科技型中小企业[①]。

2. 云创新

云创新充分利用互联网、云计算、现代通信等技术有机整合组织内外巨大的、自主的、动态的创新资源，形成了积聚创新智慧的创新资源池，并通过高效发挥群体的智慧力量，实现企业创新目标[②]。云创新是对创新模式的再创新，具有低成本、高效率以及整合资源等特征。

---

① 李永宁. 科技型中小企业融资缺陷的根源及化解途径 [J]. 经济纵横，2009 (3)：98 -100.

② 张玉明. 云创新理论和应用 [M]. 北京：经济科学出版社，2013.

3. 互联网金融

从复杂适应系统的视角，互联网金融是在特定的金融环境下，基于“自由、民主、合作、共享、开放”的互联网精神，充分利用社交网络、搜索引擎以及大数据处理等现代计算机信息技术，借助互联网平台，与来自全球范围内的政府、传统金融机构、民间金融机构、企业以及处于云端的个人等共同参与进行货币（或虚拟货币）交易、转让等业务，并给每个参与主体带来较好利益回报的新型金融服务模式①。

4. 云融资

基于云创新的视角，本书认为科技型中小企业云融资模式就是充分用互联网“自由、民主、平等、合作、共享”的特征，根据科技型中小企业发展的不同阶段资金需求特点和风险大小程度，在一定的金融生态环境下，整合政府扶持资金、传统金融机构、天使投资、风险资金、资本市场资金、民间社会等资金，按照特有的运行机制为科技型中小企业提供动态的、低成本、高效率以及风险程度较低的资金需求②。

1.3.2 研究内容

科技型中小企业的融资模式研究比较多，本书主要在互联网迅速发展的信息经济时代，基于云创新的视角来化解科技型中小企业的融资困境，主要包括以下内容安排。

第 1 章：绪论。通过科技型中小企业融资难现状分析及相关研究提出本书选题背景以及解决的主要问题：基于云创新的视角对该类企业融资模式进行创新研究以化解其融资难、融资贵的困境，并为此构建本书研究框架，梳理研究

---

① 张玉明，王洪生．复杂适应系统视角下的互联网金融研究［J］．山东大学学报（社会科学版），2014（5）：23－32.

② 王洪生，张玉明．科技型中小企业云融资模式研究［J］．科技管理研究，2014（13）：76－81.

意义、技术路线、研究方法，归纳主要创新点。

第 2 章：理论基础。首先对中小企业融资结构、融资需求相关研究进行梳理及评述，然后对云创新理论及相关研究进行简要梳理，并对基于 Agent 的建模与仿真理论进行归纳来为后面对融资模式的建模与仿真提供理论基础。

第 3 章：科技型中小企业云融资模式构建。首先剖析该类企业的基本特征、融资需求规律，找到融资难、融资贵的成因，然后在介绍云创新理论视角的基础上提出云融资的概念及其框架，进而得出科技型中小企业云融资模式的主要特征。

第 4 章：科技型中小企业云融资模式要素分析。对科技型中小企业云融资模式的主体要素、传导要素以及环境要素进行分析，并采用因子分析、层次分析法等统计方法，实证检验甄别出科技型中小企业云融资模式要素。

第 5 章：科技型中小企业云融资模式运行机制分析。对科技型中小企业云融资模式运行机理进行分析，包括微观学习、动力运行、利益导向、组织协调、信用合作、风险分担以及互动选择等关键运行机制进行系统分析。

第 6 章：科技型中小企业云融资建模与仿真分析。在对科技型中小企业云融资模式博弈演化分析的基础上，运用基于多主体建模与仿真的理论构建科技型中小企业云融资的仿真模型，模拟该类企业云融资动态变化及演化过程。

第 7 章：科技型中小企业云融资模式策略分析。在对上述研究的基础上，从云融资模式不同参与主体层面、金融生态环境以及强化互动方面提出云融资模式的具体实施策略。

第 8 章：研究结论、不足与展望。对本书的研究进行总结，梳理出研究的局限性和不足，并指明下一步的研究方向。

1.3.3 研究框架

基于以上研究的主要内容，本书的研究框架如图 1－1 所示。

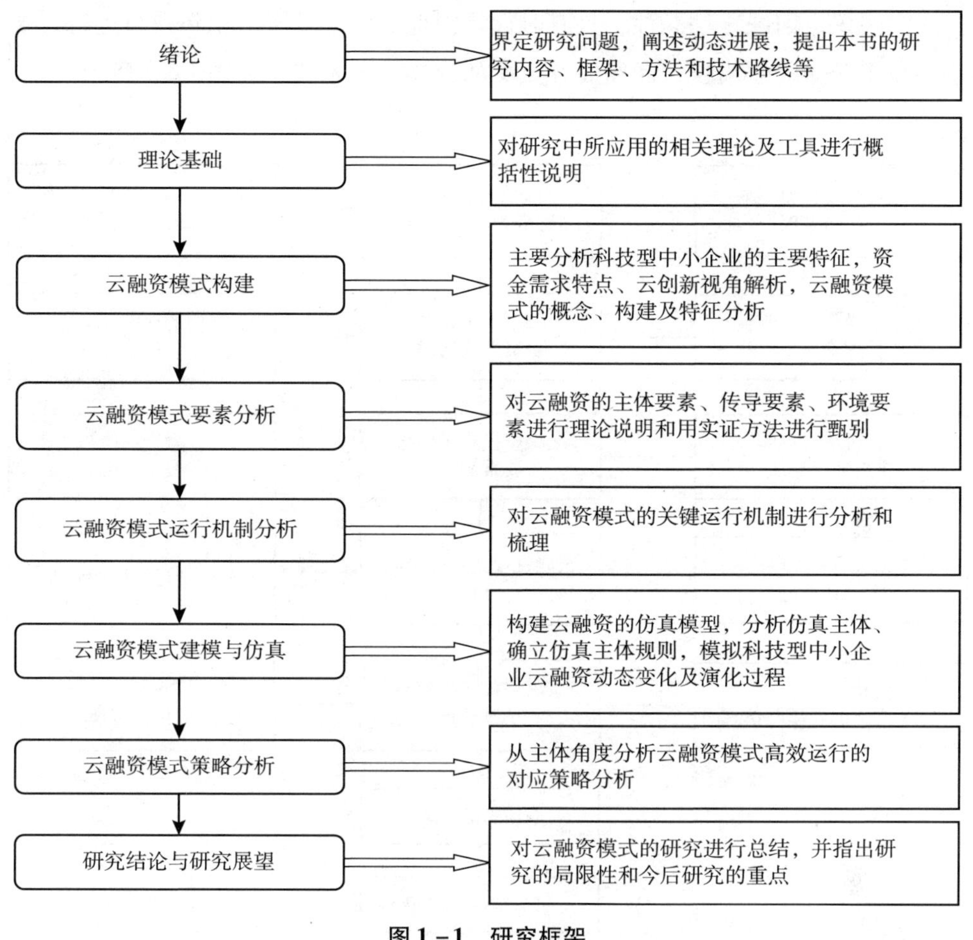

图 1-1　研究框架

1.4　技术路线与研究方法

1.4.1　技术路线

本书通过有关科技型中小企业融资模式方面的研究文献，发现融资难、融资贵是该类企业成长面临的一个难题，学者和实践界提出了一些富有建设性的模式和建议，但缺乏动态性，具有时代局限性。为此基于云创新视角进行科技型中小企业融资创新这一问题展开全文的论述。技术路线如图 1 -2 所示。

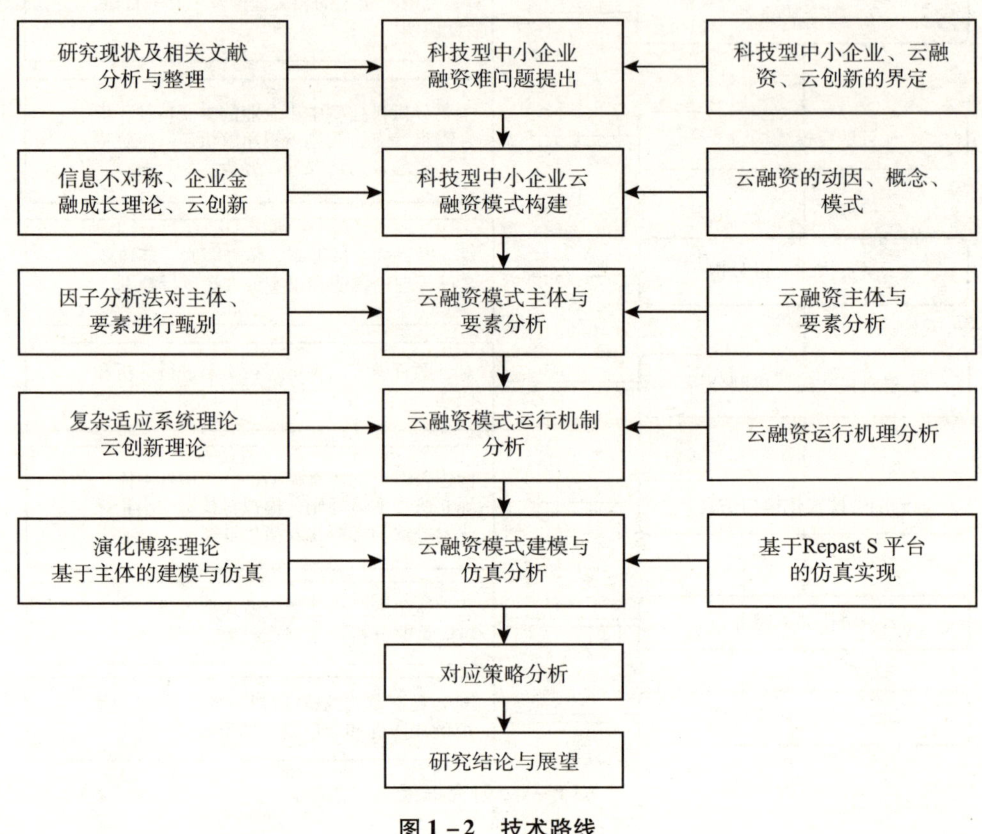

图 1 -2　技术路线

1.4.2　研究方法

本书所采用的主要研究方法有以下说明。

1. 文献调查研究方法

本书以“科技型中小企业”“云融资”“云创新”“互联网金融”“small-medium enterprise of science and technology”“cloud financing”“cloud innovation”“internet financing”等为关键词，通过国内高校图书馆的中外文电子数据库、谷歌、百度、维基等搜索引擎对相关文献进行检索，在整个整理文献的过程中遵循选取影响因子较高的中外文文献，梳理并总结相关理论，形成本书研究的理论基础。

2. 基于多主体的建模与仿真

基于主体的建模方法（Agent-based Modeling，ABM）近年来在社会科学领域中得到了广泛应用，基于主体的建模思想主要把系统看成由一系列自治性的智能主体组成，这些主体在一些简单规则的作用下，通过交互作用使整个系统涌现出复杂的行为，展现了系统宏观变化是微观变化的结果。在研究不同融资主体作用下的科技型中小企业融资方式演变时，采用了基于主体的建模方法①，以便能够更好地说明云创新视角下各融资主体对科技型中小企业融资效果可能产生的影响。

3. 定性分析与定量分析相结合

研究过程中采用定量和定性研究相结合方法，对涉及的主要概念界定及理论模型构建，以定性分析方法为主，而面对科技型中小企业云融资模式要素甄别等问题时，则注重了因子分析法、层次分析法等定量研究方法的使用，为定性分析提供经验依据。

1.5　本书的创新点

在学习和借鉴了大量国内外学者研究成果的基础上，基于云创新的视角对科技型中小企业的融资模式进行了创新性研究，本书具有以下创新点。

（1）本书从云创新理论视角探索了科技型中小企业的融资模式创新，认

① 刘德胜．创新型中小企业基因及作用机理研究［D］．济南：山东大学，2011.

为基于云创新视角的云融资模式可以一定程度上解决传统融资模式中的信息不对称问题和风险收益不对称问题，能够使科技型中小企业得到高效率、低成本的资金，从而能够化解科技型中小企业融资难的问题。云融资模式突破了传统融资模式理论的时代局限性，对企业融资理论起到了补充和丰富作用。

（2）科技型中小企业云融资模式清楚地界定了各参与融资主体的作用和地位，细致阐述了融资创新模式的各种运行机制，利用仿真建模的科学方法解析了科技型中小企业融资活动的内在作用机理，为解决科技型中小企业融资难、融资贵提供了化解思路，具有一定的实践意义。

（3）在国家大力发展普惠金融，互联网金融的时代，适时地提出了科技型中小企业云融资模式，使互联网金融真正地服务于实体经济，实现了虚拟经济和实体经济的良性互动，对国家发展互联网金融具有划时代的实践意义，同时云融资模式的提出对于国家进一步深化金融改革具有一定的参考价值。

第 2 章

理论基础

科技型中小企业融资模式创新需要对企业的融资需求规律和云创新模式作进一步的了解，本章对企业融资结构理论和融资需求理论及云创新理论进行阐述和系统评述，并对本书后期研究中基于多主体建模的理论和方法及工具平台等进行简要梳理。

2.1 融资理论

科技型中小企业融资难是世界各国普遍存在的问题，就科技型中小企业融资模式问题，国内外学者从不同角度进行了研究，本节主要从微观的企业融资结构理论和企业融资需求理论两个方面对国内外学者的研究成果进行梳理，以期对科技型中小企业融资模式的创新研究奠定理论基础。

2.1.1 融资结构理论

西方现代企业融资理论随着研究的逐步深入主要分为以下三个体系：①早期融资理论：以杜兰特的净收益、净经营收益以及传统折中理论为代表；②现代企业融资理论：20 世纪 60 年代开始，在继承杜兰特等人观点的基础上，以莫迪利亚尼和米勒的资本结构无关理论为中心以及后期以罗比切克、斯哥特等人为代表的权衡理论；③新资本结构理论：学者依据非对称信息理论，引入破产、税收等外部因素研究企业融资问题，形成了代理成本理论、控制权等理论[①]。

1. 早期资本结构理论

1952 年，美国经济学家大卫杜兰特（D. Durand）在一系列研究假说的基础上，阐述了早期资本结构理论，它包括净收益、净经营收益和传统折中理论[②]。净收益理论认为，负债成本率低于权益成本率，并且二者不受企业财务杠杆率变动的影响。因此企业资本成本率会随着财务杠杆率的提高而下降；净经营收益理论则认为企业资本成本率不受财务杠杆率的影响，所以企业价值与资本结构变动无关，即企业不存在最佳资本结构优化的问题；传统折中理论介于两者之间，认为企业财务杠杆率的提高必然导致财务风险增加，进而引起负债成本率和权益成本率的上升[③]，企业存在一个最佳的资本结构。虽然早期的资本结构理论阐述了最佳资本结构及其优化问题，但不是成熟的资本结构理论，因为没有严密的数学推导和统计分析，并且是建立在一系列假设之上[④]。

2. 资本结构无关论（MM 理论）

美国学者莫迪利亚尼和米勒（Modigliani and Miller，1958）[⑤] 在 1958 年发表了《资本成本、公司财务与投资理论》，即著名的 MM 理论。两位学者通过严格的数学推导提出在完善的市场中，企业资本结构与企业的市场价值无关。该理论的出现与当时流行的观点相悖，引起了轰动。由于该理论是在没有企业和个人所得税、资本市场充分有效运作等严格的假定条件下成立的，导致该模

---

①④ 马秋君．中国高科技企业融资问题研究［M］．北京：北京科学技术出版社，2013.

② D. Durand. “Cost of Debt and Equity Funds for Business：Trends and Problems of Measurement”. Conference on Research in Business Finance，1952：215 –262.

③ 姜宝山．高科技中小企业融资实务［M］．北京：中国经济出版社，2007.

⑤ Modigliani，M. H. Miller. *The Cost of Capital*，*Corporation Finance and the Investment*［J］. *American Economic Review*，June，1958，48（3）：261 –297.

型不真实，但该理论为研究融资结构问题奠定了一个有价值的起点和框架（Stiglitz，1997）[①]。MM 理论在受到实践的挑战后，做了修正。莫迪利亚尼和米勒（Modigliani and Miller，1963）[②] 于 1963 年对 MM 理论进行了修正，指出在缴纳企业所得税的情况下，负债杠杆影响融资成本和企业价值，当企业负债率达到 100% 时，企业价值最大，而融资成本最小。根据 MM 修正理论最佳融资结构应该全部是债务。很显然，该论断仍与现实不符。MM 修正理论从理论推导上考虑了负债带来的纳税利益，可是忽视了负债导致的财务风险和额外费用[③]。MM 理论及修正理论虽然与现实差距较大，但揭示了企业筹资决策中最本质的关系，也就是投资者与经营者的目标及行为的相互冲突和一致性，因此被认为是现代企业资本结构理论的奠基石[④]。

3. 权衡理论（均衡理论）

20 世纪 70 年代开始，学者把企业融资理论研究的重点转向企业融资结构的成本和权益的平衡问题，即在企业负债融资的抵税收益和负债融资的风险和额外费用权衡中期望得到企业最优融资结构，这种权衡被称为企业融资的权衡理论，同时按时间顺序又分为权衡理论和后权衡理论。

1966 年，罗比切克和梅耶斯（Robichek，Myers，1966）[⑤] 在《最优资本结构理论问题》中清晰阐述了权衡理论的思想。他们将 MM 定理忽略的负债导致的财务风险和额外费用并入研究范围，认为企业负债增加会抑制企业无限追求免税优惠，这是因为财务成本的增加不仅会降低企业市场价值，而且降低企业债券购买者的收入预期，导致企业发行债券的难度上升。因此企业最佳的资本结构需要权衡负债带来的纳税利益与负债导致的财务风险、财务危机成

---

① ［美］斯蒂格利茨．经济学［M］．高鸿业，等译．北京：中国人民大学出版社，1997.

② Modigliani，M. H. Miller. *Corporate Income Taxes and the Cost of Capital*：*A Correction*［J］. *American Economic Review*，June，1963，53（3）：433 –443.

③ 陈很荣．西方现代企业融资理论书评［J］．财经问题研究，2000（8）：62 –63.

④ 汤继强．我国科技型中小企业融资政策研究：基于政府的视角［M］．北京：中国财政经济出版社，2008.

⑤ Robichek A A，Myers，S C. *Problems in Theory of Optimal Capital Structure*［J］. *Journal of Financial Quantitative Analysis*，1996，1（2）：1 –35.

本。而且，罗比切克和梅耶斯放松了MM定理的假设条件，引入破产成本，研究了债券和股票投资者之间的变化关系对企业市场价值的影响，其结论更加贴近现实情况。

戴蒙德（Diamond，1984）和梅耶斯（Myers，1984）[①] 等人是后权衡理论研究的代表，他们将负债成本的范围扩大到代理成本、财务困境成本和非负债税收收益损失等，进一步扩大了成本和利益的内涵，认为企业融资结构是在税收收益和各类负债相关成本之间的权衡结果。用公式可表达为：

有负债企业的价值 = 无负债企业的价值 + 节税利益的现值

－预期财务危机成本的现值－代理成本的现值[②]

4. 信息不对称与新资本结构理论

新资本结构理论是20世纪70年代末学术界关于资本结构问题的各种流派的观点和看法，主要包括代理成本理论、新优序融资理论、财务契约理论，以及信号模型理论等。新资本结构理论的突出特征是认识到了不对称信息对资本结构的影响。不对称信息指某些参与人拥有但另一些参与人不拥有的信息。掌握信息较少的一方则通过各种手段获得信息，而掌握信息优势的一方会由于向市场传送对自己有利的信息获利。不对称信息通过融资方式的选择、负债比例的显示以及企业管理者的风险厌恶程度对企业资本结构产生影响[③]。

（1）代理成本理论（激励理论）。代理成本理论（激励理论）在20世纪60~70年代出现，其中詹森和麦克林（Jensen，Mecking，1976）[④] 于1976年提出的代理成本模型最为典型和著名，也就是股权融资和债务融资之间的替代关系模型。信息经济学中掌握信息优势的一方被称为代理人，而掌握信息劣势的一方被称为委托人，双方各自按使自身价值最大化的方式行事，委托人和代

---

① Myers S C. *The Capital Structure Puzzle* [J]. *The Journal of Finance*, 1984, 39 (3): 575－592.

② 郭跃显，李慧军．中小企业融资结构与模式研究［M］．哈尔滨：哈尔滨工程大学出版社，2007.

③ 戴淑庚．高科技产业融资理论、模式、创新［M］．北京：中国发展出版社，2005.

④ Jensen M C, Meckling W H. *Theory of the Firm: Managerial Behavior, Agency Costs and Capital Structure* [J]. *Journal of Financial Economics*, 1976, 3 (3): 305－360.

理人之间存在利益冲突，委托人通过激励机制来约束代理人的行为，从而实现自身利益最大化。该理论分析指出，企业的价值是受其管理层行为的影响，尤其是受其非货币收益的影响，代理成本是企业所有权结构的决定因素，同时，他们认为经营者的经营行为受企业融资结构的影响，会对企业市场价值和将来的现金收入有所影响。他们认为无论是股权融资还是债务融资，都会产生相应的成本，都须由经营者承担此类成本，然而由于二者成本不同，因此企业的最佳债务权益比率应是防止经营者消费额外津贴的边际效益等于从事风险行为的边际成本[①]。因此，为企业家提供最优激励是解决企业融资结构问题的最佳方法，而该理论认为，债券融资机制具有更好的激励作用，能够提高经营者努力工作的积极性，选择更好的投资决策方案，降低两权分离产生的代理成本[②]。

（2）新优序融资理论。迈尔斯和马赫卢夫（Myers，Majluf，1984）[③] 于1984年提出的融资顺序理论（Pecking Order Theory），也译为“鸟啄次序”融资理论。该理论忽略关于企业经营者的非货币收益，转而假设经营者与投资者相比，掌握了更充分的关于企业盈利的信息，同时假设经营者掌握的这些资产是非常有价值的，可通过这些信息获得利益。在信息不对称条件下，其理论的三个基本点为：第一，企业会避免发行风险债券或普通股获得投资项目的资金；第二，企业需要明确目标股利比率以使内部融资达到正常权益投资收益率的投资需要；第三，企业会在安全条件下通过外部融资解决部分融资需要，并且会首先选择发行风险较低的证券。因此该理论的核心思想就是：企业融资决策是根据成本最小化的原则进行选择的，由于外部融资比内部融资成本高，企业融资优先选择内部融资，其次考虑外部融资，进行外部融资时优先选择交易成本较低的债务融资，股权融资被排在末位。

（3）财务契约理论。财务契约理论重点研究财务契约设计和最优债务契约的条件两方面。该理论主要观点有：设计可转换债券或包括外部人权益和股

---

① 张洪刚．合约理论视角下的资本结构和企业价值——来自信息技术企业的依据［J］．江西财经大学学报，2008（5）：21－25.

② 马秋君．中国高科技企业融资问题研究［M］．北京：北京科学技术出版社，2013.

③ Mayers S C，Majluf N S. *Corporate Financing and Investment Decision When Firms Have Information that Investors Do Not Have*［J］. *Journal of Financial Economics*，1984，13（2）：187－221.

票选择权在内的契约可以解决过多非金钱利益引起的代理问题；通过发行可转换债券来解决代理问题；信息在市场之间表现出不对称分布的现象将引起福利损失，可以通过发行可赎回债券来解决①。可见，财务契约设计解决了部分债务的代理问题，但却没有明确给出最优契约的条件②。

（4）信号模型理论。信号模型（Signal Model）探讨的是在信息不对称条件下，企业如何通过适当的方法向市场传递有关企业价值的信号，以此来影响投资者的决策。其基本思路是：如果企业经营者有适当的激励机制，资本结构本身会向市场传递信号，融资市场则可以根据信号判断企业的质量，从而克服逆向选择的问题，即外部人可以分析内部人传递的信号，进行竞争并支付合理价格，从而消除不对称现象，而内部管理者根据由此产生的市场价格变化来选择新的财务政策以实现个人所得最大化。

（5）控制权理论。20 世纪 80 年代，公司控制权市场与资本结构的关系成为资本结构理论研究的重点。控制权理论是在继承了詹森和麦克林的研究思路基础上，指出鉴于企业经营者本身对控制权的偏好，通过融资结构决定了企业收入流分配，与此同时也决定了企业控制权的分配。阿吉翁（Aghion，1992）和伯顿（Bolton，1992）在交易成本与合约不完全的基础上阐述了一种与财产控制权非常相关的企业融资理论③，该理论中不完全合约是剩余控制权产生的前提，他们的模型指出企业剩余控制权的三种情况：如果融资方式是发行普通股票，那么投资者掌握剩余控制权；如果融资方式为发行优先股，那么企业家拥有剩余控制权④；如果融资方式为发行债券，并且企业家能按期偿还债务，那么企业家拥有剩余控制权，否则剩余控制权属于投资者⑤。因此，企业家或经营者对控制权本身的偏好，会通过融资方式的选择影响控制权的分配⑥，最

---

① 油晓峰．我国上市公司债权人监控弱化及其治理途径［J］．投资研究，2008（8）：20 -24.

② 马秋君．中国高科技企业融资问题研究［M］．北京：北京科学技术出版社，2013.

③ 陈很荣等．西方现代企业融资理论书评［J］．财经问题研究，2000（8）：62 -63.

④ 韦琳．企业财务结构研究［D］．天津：天津财经学院，2004.

⑤ Philippe Aghion，Patrick Bolton. *An Incomplete Contracts Approach to Financial Contracting*［J］. *The Review of Economic Studies*，1992，59（3）：473 -494.

⑥ 刘扭霞．企业融资方式：理论与影响因素［J］．生产力研究，2005（4）：205 -206.

终企业的市场价值受到影响。

2.1.2 融资需求理论

学者对企业融资需求问题进行了广泛研究，就此问题形成了丰富的理论基础，主要包括融资缺口理论、信贷配给、小企业关系型贷款，以及企业金融周期成长理论等。

1. 金融缺口理论

“金融缺口”一词源于1931年由英国议员麦克米兰在一篇关于中小企业问题的调查报告中提出，他发现初始资金已经不复运用，而企业规模又尚未达到足以在公开市场上融资的企业，存在长期资本短缺的情况。后来英国学者雷（Ray）等将金融缺口的存在定义为：当小企业投资的边际收益大于边际成本，但由于资金供给的中断而不能进行有盈利潜力的投资，导致小企业不能通过正常投资来实现其增长潜力。一些学者也试图从“资本缺口”和“债务缺口”两个方面来理解金融缺口的内涵。①资本缺口。英国学者博尔顿（Bolton）和威尔逊（Wilson）的研究表明，中小企业筹集一定数额以下的资本时都面临一定的资本缺口。这是因为在正式资本市场上发行股票，都有一个最低资本规模要求，该规模要求一般都会高于中小企业的资金需求。风险投资、创业板市场的发展一定程度上缓解了资本缺口，但是投资对象主要集中于高成长行业和处于成长期的企业，使得传统行业和处于种子期、初建期的企业仍存在严重的资本缺口。②债务缺口。小企业融资最大的特点是信息不透明，信息不透明加重了借贷双方的信息不对称。为防止信息不对称带来的逆向选择和道德风险，金融机构只能加强事前审查、严格合同条款以及进行时时监督。但是中小企业对资金的需求规模不大，金融机构审查监管的成本与效益不平衡，金融机构往往不愿意向中小企业提供小额贷款。这意味着在正式债务市场上，中小企业在债务融资方面存在一定的市场失效，形成债务缺口。金融缺口理论说明了中小企业融资在金融市场存在着市场失灵，只通过完善市场是难以完全解决的，必须通过政府的干预，通过融资制度的创新来解决中小企业的融资出路问题[①]。

2. 信贷配给理论

均衡信贷配给是指由于银行出于利润最大化动机而发生的在一般利率条件和其他附加条件下，信贷市场不能出清的现象[②]。巴尔坦斯帕格（Baltensperger，1978）认为即使当某些借款人愿意支付合同中的所有价格条件和非价格条件，其贷款需求还是不能满足的情形为信贷配给。众多学者从不同角度对信贷配给的生成机制进行了解释，其中斯蒂格里兹和魏斯（Stiglitz，Weiss，1981）[③] 于1981年，指出基于信贷市场信息不对称引起的逆向选择是产生均衡信贷配给的基本原因。银行面对众多贷款需求且不能分析他们的风险时，会在一个低于竞争性均衡利率但能使银行预期收益最大化的利率水平上对贷款人实行配给。此后，学者不断改变模型的假设条件，进一步发展、丰富了信贷配给理论。

3. 小企业关系型贷款理论

规模较小的企业信息严重不透明，银行处于审慎经营原则的考虑，多数情况下对此类企业信贷较为谨慎，被其拒之门外，从20世纪90年代起，学者开始研究规模较小的企业如何建立与银行的关系，以期在未来获得可靠的贷款。该理论认为，小企业由于较强的“关系”可获得较低的贷款利率，并且贷款的抵押物数量可以降低[④]。此外，鉴于银行在信息生产的比较优势可化解逆向选择和道德风险，降低贷款利率，但银行的捕获效应使利率降低发生的可能性很小。关系型贷款理论逐步分化为两个分支：一部分学者认为信息占有问题允许银行取得垄断市场地位，从而使小企业在未来从其贷款银行获得更差的信贷条件；另一部分学者基于“关系”在决定信贷价格和数量中的作用构建模型，

---

① 马秋君．中国高科技企业融资问题研究［M］．北京：北京科学技术出版社，2013.

② 于春红．我国高新技术企业融资体系研究［D］．哈尔滨：哈尔滨工程大学，2006.

③ Stiglitz J E，Weiss A. *Credit Rationing in Markets with imperfect Information*［J］. *American Economic Review*，1981，17（3）：393－410.

④ 刘芬．中小企业融资与银行关系研究综述［J］．北方经贸，2007（10）：113－115.

认为除非小企业在一期违约，否则不管贷款机构数量如何，其在二期不会获得更差的贷款条件①。在收益成本方面，小企业在关系方面的投资回报是负的，但经过一定时间后，其可能在信贷市场上获得买方垄断地位，可选择是否终止信贷关系，或是否投资其他银行的信贷关系②。

4. 企业金融成长周期理论

早期的企业金融成长周期理论出现于20世纪70年代，韦斯顿和布里格姆（Weston，Brigham，1970）③ 根据企业不同成长阶段融资来源的变化提出了企业金融生命周期假说。企业各阶段资金来源如表2－1表示，可以看出早期的金融成长周期理论较少考虑信息等隐性因素，更多考虑的是企业的资本结构以及利润等。

表2－1　企业金融生命周期与资金来源④

阶段	资金来源	潜在问题
创立期	创业者自有资金	资金不足
成长阶段Ⅰ	自有资金、留存利润、银行短期贷款等	存货过多、流动性危机
成长阶段Ⅱ	以上来源＋金融机构的长期融资	金融缺口
成长阶段Ⅲ	以上来源＋证券发行市场	控制权分散
成熟期	以上全部来源	保守的投资回报
衰退期	资本撤出、企业并购、清盘等	下降的投资回报

20世纪90年代，美国经济学家伯杰（Berger）等将企业生命周期与融资

① 刘彬．中小企业融资研究理论综述［J］．南开经济研究，2005（2）：108－112.

② 马秋君．中国高科技企业融资问题研究［M］．北京：北京科学技术出版社，2013.

③ Weston J F，Brigham E F. *Managerial Finance*［M］. New York：Dry Den Press，1970.

④ 汤继强．我国科技型中小企业融资政策研究：基于政府的视角［M］．北京：中国财政经济出版社，2008.

相结合，发展形成了企业金融成长周期理论（Financial Growth Cycle of Firms）①。该理论动态地揭示了企业成长过程中资本结构的变化规律，认为企业规模以及资金需求的变化等影响企业融资结构变化，在企业生命周期的不同阶段，应进行不同的融资安排。初创期，鉴于其资产规模小、财务信息等较为封闭，信息不透明程度较高，因为外源融资的获得性很低，企业只能依赖于内部融资；随着企业不断成长，规模逐步扩大，可抵押资产逐步增加，信息透明度有所提高，企业依靠外部融资，如权益和债务融资等；当企业进入成熟阶段，其财务制度、业务记录等逐步完善，逐渐具备获得公开权益和债务市场的融资条件，当公开市场可持续融资渠道建立后，债务融资比重逐步下降，股权融资比重上升，企业规模进一步增大。该理论表明，企业规模、信息并不完全相关，随着约束条件的变化，企业融资渠道和融资结构在企业成长的不同阶段将随之发生变化，因此金融成长周期理论是从长期和动态的角度解释了中小企业融资结构的变化规律。

2.2　云创新理论

2.2.1　云创新的内涵

进入互联互通的时代，人们的生活方式、生产方式和消费方式都在转变。同时，技术便利性使得企业可借助互联网平台在全球范围内寻求创新资源，获得创新思想、方案或创意，创新已呈现出更加开放、民主、互动的特征，任何组织或个人都可以自愿、自由地参与创新，云创新模式正是在这样的背景下出现的。如图2－1所示，传统创新的开放度低、参与程度低、缺乏互动性造成

---

① Allen N. Berger，Gregory F. Udell. *The Economics of Small Business Finance：The Roles of Private Equity and Debt Markets in the Financial Growth Cycle*［J］. *Journal of Banking and Finance*，1998，22（6－8）：613－673.

传统创新有着时代局限性。日益加剧的竞争环境需要企业持续不断的创新，使企业快速抢占市场先机，培育早期的品牌忠诚度，获取更多的超额利润。传统创新局限性和日益加剧的竞争环境是云创新模式产生的外因，起到了助推作用。与此同时，通信技术与云计算的迅猛发展拓宽了知识传递渠道，使得人们可以不受时间、地点和区域的限制获取知识或共享智慧，这为新的创新模式的形成提供了良好的基础条件，创新资源的日益丰富使得很多原来不能进行创新的组织，也可以通过外部平台获得更多实现资源利用价值的机会，这种变化对云创新模式的形成提供了资源基础。通信技术与云计算的迅猛发展以及创新资源的日益丰富是新模式产生的内因，再者，人们社会价值观、创新观念的转变提供了广泛的群体智慧，对新的创新模式的产生起到了催化作用。

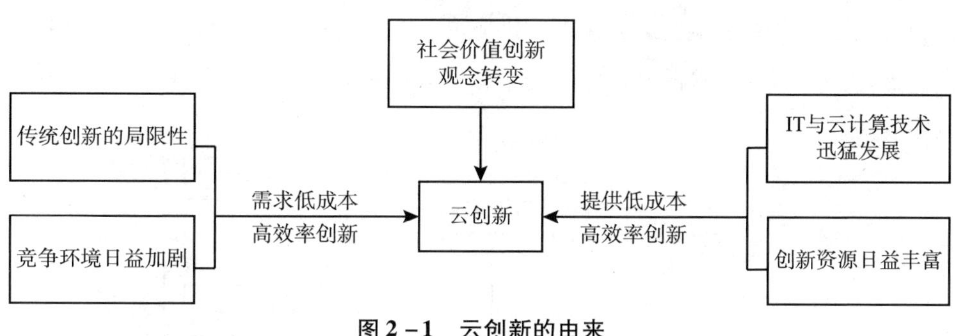

图 2－1 云创新的由来

云创新模式是基于互联网背景下更加开放的开放式创新，Chesbrough 最早提出开放式创新模式，他认为开放式创新模式意味着有价值的创意可以从公司的外部和内部同时获得①。Gassmann （2006）② 认为企业的开放式创新强调外部创新开放企业的边界。任丽梅和黄斌 （2010）③ 认为云创新分为广义云创新，相对广义云创新以及狭义云创新。并指出狭义云创新是充分利用现代网络

① Henry W，Chesbrough. *Open innovation*：*The New Imperative for Creating and Profiting from Technology* ［M］. Boston：Harvard Business School Press，2003.

② Gassmann O. *Opening up the innovation process*：*towards an agenda* ［J］. *R&D Management*，2006，36：223－228.

③ 任丽梅，黄斌．云创新：21 世纪的创新模式 ［M］．北京：中共中央党校出版社，2010：18－19.

技术、基础设施和管理方法，将散落在世界各地的创新资源和创新能力聚合、优化，为大量用户开放使用的一种新型创新模式。冯旭和罗霞（2011）① 梳理了云创新的来历，国内外云创新的发展，指出它具有参与大众化、互动化、进出动态化和网络社区化，提出云创新的主体具有大众化特征。张玉明，王洪生（2014）② 认为云创新是由创新发起者和众多参与者共同参与的创新形式，参与者不限地域、不限组织、不限范围，是一种真正意义的由众多主体参与、集合众人智慧的群体创新活动，具有开放性和民主性、低成本和高效率等显著特征。朱卫杰，鲁若愚（2013）③ 从创新参与主体的角度梳理了创新模式的演化规律（见图2-2）。随着参与主体的变化，创新模式从单纯的封闭式创新逐步向完全开放的云创新模式演化。封闭式创新依赖的是组织内专业研发人员；合作创新的参与主体在一定范围内实现资源共享，但对外界仍然是封闭的；多主体参与创新的范围扩大到企业员工、顾客、供应商、竞争者等；云创新是借助互联网平台、云计算等信息技术在全球范围内整合资源，参与主体更加大众化、多样化。

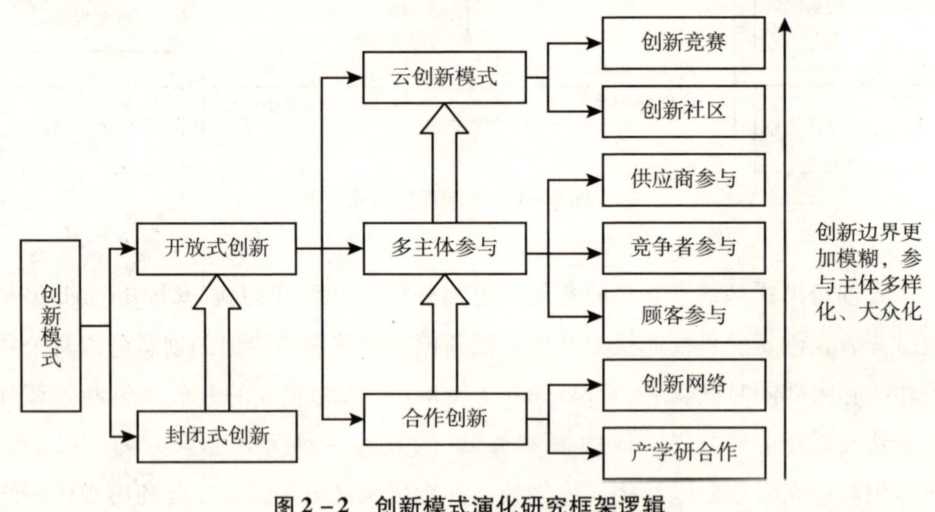

图2-2　创新模式演化研究框架逻辑

① 冯旭，罗霞．对云创新模式的再认识［J］．西南民族大学学报，2011（8）：122-125.
② 张玉明，王洪生．基于云创新的政府管理创新研究［J］．东南学术，2014（2）：74.
③ 朱卫杰，鲁若愚．创新模式的演化机理［J］．科技和产业，2013（12）：137-139.

2.2.2　云创新的特征

云创新相对传统创新模式具有以下显著特征。

1. 开放性和民主性

开放式创新模式意味着有价值的创意可以从公司的外部和内部同时获得①，其商业化路径可以从公司内部进行，也可以从公司外部进行②。而云创新模式更强调“云”，即云创新是大众参与的创新模式，通过互联网等新兴技术让分散的、自发的和巨大的创新资源整合起来，超越组织边界和地域限制的大众参与的开放式创新模式。云创新能够调动所有可能参与创新的人群，特别是数量众多的云端参与者③。在众多的云端中既有组织，又更多地是以个体为单位的大众。由于创新参与主体的多元化，它们是自发、自愿地参与云创新，使其具有鲜明的民主性特征。

2. 低风险和多元收益

云创新模式是在全球范围内、整合利用全民的智慧和创新资源，在创造高收益、多元收益的同时面临确实较低的风险。云创新模式汇集大众的资源和智慧解决技术创新难题，在降低创新成本、缩短创新周期的同时，更降低了技术创新的不确定性。另外消费者亲身加入到创新“云”为新产品提供创意来源时，无形中提升了消费者对企业和产品的忠诚度和认同度，也降低了产品不被市场和消费者接受的风险。云创新对于组织或个人而言，不仅具有显著而直接的商业回报，也存在一些潜在的可转化的间接收益，如产品服务、教育培训、声誉等方面的收益，这些收益对云创新而言甚至更能体现出它的价值所在。

---

① Chesbrough, H. W. *Open innovation: The New Imperative for Creating and Profiting from Technology* [M]. Boston: Harvard Business School Press, 2003.

② 陈钰芬. 开放式创新：提升中国企业自主创新能力 [J]. 科学学与科学技术管理，2009 (4)：81 - 86.

③ 张玉明，王洪生. 基于云创新的政府管理创新研究 [J]. 东南学术，2014 (2)：73 - 74.

3. 低成本和高效率

从成本—收益角度看，由于云创新可以同时借助内部、外部大众化的创新资源及内外两条商业化渠道，其创新成本明显低于传统的封闭式创新模式。云创新低成本表现在能够大幅降低市场交易成本；提供低成本的创新研发平台；云创新有效控制创新建设和运维成本。云创新通过信息技术和互联网技术，将社会各类资源在其需要的时候为其所用，从缩短创新周期、加快创新扩散、提高研发收益、智能配置资源等多方面展现出云创新的高效率特征。主要便现在：更快的技术研发与创新扩散；更高的创新成功率和创新收益；更强的虚拟化能力以及高效的资源配置。

4. 边界模糊与价值多元化

在云创新模式下，组织积极寻找外部的技术特许、技术合伙、战略联盟或风险投资等，来把商业化创新思想变为现实，从而充分利用组织内外的资源禀赋，使得组织边界更具模糊性、动态性、可渗透性和灵活性。它不仅能够满足提高当前经营绩效的需要，更重要的是能够通过培养和积累核心知识和能力，关注多元化的价值创造，从而形成组织持续的竞争优势。因此，云创新模式所带来的价值既体现在创新收益，又体现在资源整合、组织文化、甚至社会进步等方面，具有超越时代的社会价值。

2.3 基于主体的建模仿真理论

叶新（2014）① 指出过去的实物实验研究方法存在低成本、高效率的特征，不适应时代的发展，而计算机仿真技术具有良好的可控性、安全性和可重复性等优点，能够对系统实际的运行状态和演化规律进行综合的评价和预测，

① 叶新等. 多领域建模仿真方法综述 [J]. 软件，2014 (3)：233 - 236.

并提出了基于接口的多领域建模仿真方法。朱建刚（2012）① 指出基于计算机的系统建模与仿真技术相对于传统的研究方法，能够通过给定或调整状态变量初始值和控制参数取值，进行重复性的仿真实验，揭示系统内部层面的事实。科技型中小企业云融资模式由多主体和多要素参与，并且之间存在着复杂、动态的交互作用，不可能通过实验或相关数据来解释主体之间的涌现性特征，适合用建模与仿真的方法来对主体之间的相互作用机理和演化规律进行解释。在对建模方法、工具和步骤研究回顾的基础上对科技型中小企业云融资模式建模与仿真。

2.3.1　建模方法

基于主体的建模与仿真是一种新的仿真，由交互作用的自治主体组成的系统的建模方法（Macal and North，2006）②，随着计算机技术的发展在许多领域得到了广泛的应用，该方法的优势主要在于研究复杂系统的演化过程问题时，根据模型可以使主体按照设定的交互作用规则从下而上、从局部到整体的过程，把微观行为到宏观现象的生成、演化过程展现出来，弥补了传统方法在研究整体涌现性时的不足③。同时，该方法使得在社会科学研究中那些需要通过实验完成，但这样的实验又难以实现的，可以通过它提供的建模方法来完成相关实验验证（Gilbert，2004）④。在基于 Agent 的建模中一个最基本的概念就是 Agent（一般称为主体），它是处于动态环境中可以识别的、具有高度自治性，通常有一套规则或属性控制其行为或决策能力的实体。主体的特征可以概括为：自治性、社会性、响应性、主动性以及灵活性。其中，自治性是指主体对自身状态或行为有一定程度的控制能力；社会性是指主体按照一定的协议与其

① 朱建刚．复杂生态系统建模与仿真的策略探讨［J］．生态学杂志，2012，31（2）：468－476.

② Macal，C. M.，North，M. J. *Tutorial on Agent-based Modeling and Simulation Part* Ⅱ：*How to Model with Agents*［C］. Proceedings of the 2006 Winter Simulation Conference，2006：73－83.

③ 刘德胜．创新型中小企业基因及作用机理研究［D］．济南：山东大学，2011.

④ Gilbert，N. *Agent-based Social Simulation*：*Dealing with Complexity*［R］. *Working Paper*，*Centre for Research on Social Simulation*，*University of Surrey*，Guildford，UK，2004.

他主体进行交互，同时主体也有能力区分与之交互的主体的特性；响应性是指主体可以理解自己所处的外部环境，能够根据环境变化及时作出反应并采取措施；主动性是指主体的行动表现为有意识的和目标导向性；灵活性是指主体具有学习能力和记忆能力①。

2.3.2 建模工具

随着计算机技术的发展，社会科学领域涌现出了很多不同形式的建模工具和平台。应用较为广泛的四种建模工具与平台为Swarm、NetLogo、Ascape和Repast。Duncan（2002）②、Railsback（2006）③、方美琪（2005）④等学者对不同的建模工具进行了比较，如表2－3所示，其内容涵盖设计目标、编程复杂性、运行速度、应用广度、维护频率、可扩展性和初学者学习成本这七个方面。

表2－2　基于Agent的建模工具特性总结比较

类型	Swarm	Repast	Ascape	NetLogo
设计目标	提供标准的建模软件工具	建模便利、学习周期短、模型结构抽象	高度抽象、建模功能强大、语言简单	适用于无编程基础人员运用
运行速度	简单模型较快、复杂模型较慢	较快	较快	快
应用广度	广泛	广泛	一般	较广泛
维护频率	较多	较多	一般	较多

① 段升森．中小企业基因重组与转型成长研究［D］．济南：山东大学，2013.

② Duncan，A. R. *Agent－Based Modeling Toolkits NetLogo，Repast，and Swarm*［J］. *Academy of Management Learning & Education*，2005，4（4）：525－527.

③ Railsback，S. F.，Lytinen，S. L.，Jackson，S. K. *Agent-based Simulation Platforms：Review and Development Recommendations*［J］. *Simulation*，82（9）：609－623.

④ 方美琪，张树人．复杂系统建模与仿真［M］．北京：科学出版社，2005.

续表

类型	Swarm	Repast	Ascape	NetLogo
可扩展性	较好	好	一般	不易扩展
初学者学习成本	高	较高	较高	较低
编程复杂性	复杂	较复杂	较简单	较简单

资料来源：刘德胜．创新型中小企业基因及作用机理研究［D］．济南：山东大学，2011.

本书选择 Repast S 作为建模工具，因为对于具有一定 Java 语言基础的研究者更容易学习和高效使用，并且基于这种工具的许多模型容易扩展。

2.3.3 建模步骤

基于主体的建模步骤。是从主体的视角进行，延续了 Macal 提出的一般性框架的思路，建模步骤描述为：创建一个 Project、创建情境类、创建主体类和设置仿真参数、创建映射、运行模型、模型调试与修正、结果分析①。

根据以上仿真与建模的相关研究，本书提出以下基于 Agent 的科技型中小企业成长建模与仿真的主要步骤（见图 2－3）：第一，云融资模式界定，即概念模型的提出。主要是阐释系统、系统的边界，以及哪些因素属于系统、哪些因素属于影响系统的环境。第二，确定评价标准，即分析模型达到预期的标准，如通过构建目标函数。第三，选择仿真问题的抽象层次，即仿真问题形式化描述。第四，构建表示模型，从主体的相互作用中抽象出关键部分，确定模型中主体间的交互机制与行为规则，建立仿真表示模型。第五，设计算法模型，即通过借助仿真软件编写代码，在计算机上实现主体之间的交互关系与模拟科技型中小企业云融资模式的运行过程②。第六，模型修正与优化。

① 张鲁秀．企业低碳自助创新金融支持体系研究［D］．济南：山东大学，2012.

② 段升森．中小企业基因重组与转型成长研究［D］．济南：山东大学，2013.

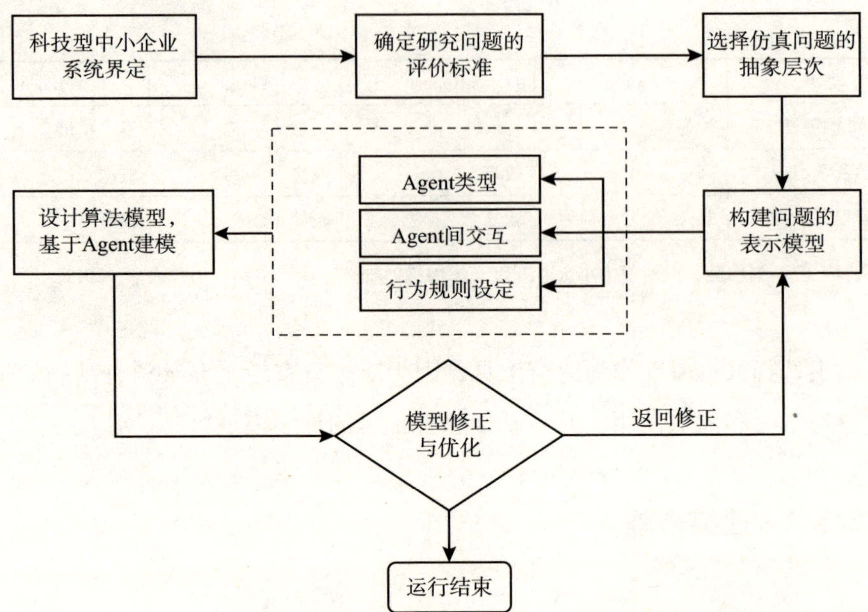

图 2 -3　基于 Agent 的科技型中小企业云融资的建模步骤

第 3 章

科技型中小企业云融资模式构建

技术创新是一个国家经济快速增长的原动力，是推动产业升级、优化产业结构的关键力量。作为技术创新的主体——科技型中小企业的健康持续发展直接关系到国家经济的发展速度，社会文明的进程。而资金是企业成长的“血液”，决定着科技型中小企业的生死存亡。本章对该类企业成长特征、不同成长阶段的资金需求进行分析，梳理科技型中小企业融资困境及其成因，在此基础上基于云创新理论视角构建科技型中小企业云融资模式。

3.1 科技型中小企业融资需求分析

科技型中小企业与一般意义的中小企业不同，具有一些独有的特征，只有清楚地梳理它们的成长特征、分析各成长阶段不同的资金需求特点，才能更好地认知科技型中小企业融资难、融资贵的具体原因。

3.1.1 成长特征分析

科技型中小企业，更加重视技术创新，产品具有较高的技术含量，所以它具备高新技术的所有成长特征，如创新意愿强、成长速度快、成长风险高、成长期间投入高等；同时它还表现出实物资产少、无形资产多等特征。

1. 实物资产少、无形资产多

在科技型中小企业中，知识产权类资产所占的比例越来越大。众所周知，资产可以分为有形资产和无形资产。高新技术企业对厂房、设备、原材料等有形资产的需求已居于次要位置，而专有技术、商业秘密、商誉、软件、集成电路等知识产权类的资产对高新技术企业起着决定性作用，它们在高新技术企业中所占比重也越来越大。统计资料显示，美国目前许多科技企业的知识产权类资产已超过了总资产的60%，明显高于传统产业①。

2. 创新意愿强

与一般企业相比，科技型中小企业最大的特征是以技术创新为核心，通过对生产要素的重新组合、优化配置来获取技术优势。科技型中小企业承担了科技成果转化的中试和产业化基地功能，其产品技术含量高、附加值高，决定了不断创新是科技型中小企业的首要特征。科技型中小企业起源于创新，又在创新中成长，其技术水平和科技创新能力是成长的关键因素。

3. 成长速度快

科技型中小企业发展是建立在最新的科学技术基础上，基本不受传统行业发展水平的制约。从一般意义上说，具有跳跃性的特点。这些企业的先进技术带来的领先产品甚至是垄断性，使其拥有一块相对独立的市场，并对市场产生了带动和引导作用，其发展规模都是超常的。成功的科技企业，其资产、销售收入、净利润等可在10年甚至5年的时间内增长几十倍、上百倍，如微软、思科、苹果等企业②。

---

① 张玉明，邓志钦，李娓娓．资本结构理论的再探讨：中小型高新技术企业融资策略［J］．科技管理研究，2005（12）：148－151.

② 赵昕．我国高新技术融资制度创新研究［D］．杨凌：西北农林科技大学，2004.

4. 成长风险高

科技型中小企业在成长过程中具有如图 3－1 所示的风险：一是技术风险。将高新技术转化为现实的产品或劳务具有明显的不确定性，存在着因技术失败而造成损失的风险。二是知识产权被侵犯风险。企业科技人员投入大量的资金、物力等取得的技术、发明等如得不到法律的保护，在推向市场后被其他企业仿冒、侵权[①]。三是市场风险。企业开发出的产品的扩散速度、竞争能力都存在不确定性，存在营销失败的可能性。四是财务风险。当企业债务融资过多，融资成本过高时，容易产生财务危机，形成财务风险。五是其他风险。

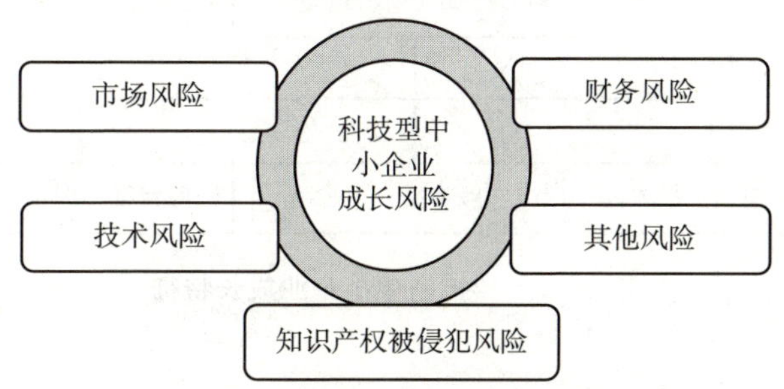

图 3－1　科技型中小企业的成长风险

5. 成长投入高

与一般意义企业的经济活动相比，科技型中小企业需要投入大量的人力、物力、财力等来保障技术创新活动的顺利开展。高投入是科技企业的基本特点之一，建立科技企业的成本普遍是传统企业成本的 10～20 倍[②]。这主要是由于高新技术的研究需要大量的高、精、尖设备，并且在推向市场和扩大市场占有率时也需要大量资金投入。

而且，科技型中小企业上述特征之间存在一定的逻辑关系。科技型中小企

---

① 吴博．高科技企业资本结构及其优化研究［D］．成都：四川大学，2006.

② 张玉明．资本结构优化与高新技术企业融资策略［M］．上海：上海三联书店，2003.

业所拥有的是其知识产权和科研成果，尤其是在企业的最初发展阶段，所以“实物资产少、无形资产多”是其基本特征。与此同时，这也导致科技型中小企业唯有通过科技创新才能够得以生存，“创新意愿强”是其核心特征。科技创新本身存在着投入大、风险高的特征，同时，一旦创新成功，企业成长的速度就相对其他企业发展得快，因此，“投入高、风险高、成长速度快”是“创新意愿强”的衍生特征，也是科技型成长企业的一般特征，如图3－2所示。

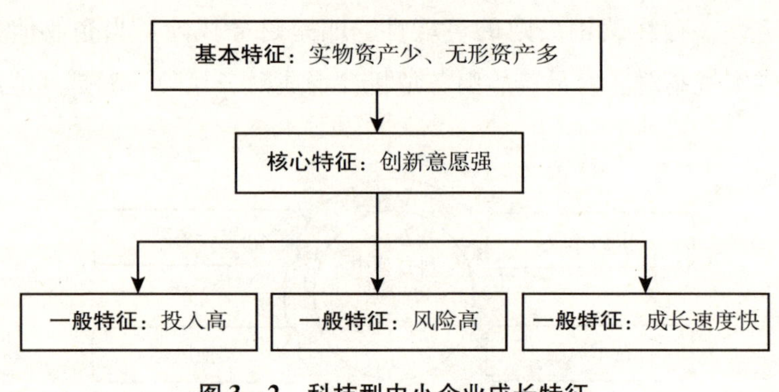

图3－2　科技型中小企业成长特征

3.1.2　成长阶段划分

虽然科技型企业与传统企业在很多方面不同，但它与传统企业一样，存在生命周期，其成长过程可以划分为若干阶段。根据学者的研究，目前主要有六阶段划分法和四阶段划分法。

1. 六阶段划分法

杨淑娥等（2006）认为科技型企业成长过程是一个复杂适应系统，它的成长是由技术创新、企业家才能、风险投资等构成的有机系统与外部环境间的非线性互动下演进发展的，其生命周期划分为种子期、初创期、扩展期、成熟期、蜕变期和衰退期六个阶段。张玉明（2003）认为科技型企业的成长应该分为六个发展阶段：研究与开发阶段、创业阶段、早期成长阶段、加速成长阶段、稳定成长阶段和成熟阶段。

2. 四阶段划分法

按照西方生命周期理论，从融资的性质可将科技型企业成长阶段划分为种子期、创建期、成长期和成熟期四个阶段。

（1）种子期。该阶段的突出表现为企业尚未建立，没有正式的组织形式，企业只有研发思想和产品设想。

（2）创建期。在该阶段，企业的科技人员已开发出新产品，产品进入市场，但品种单一、市场渠道狭窄、销售收入偏少。

（3）成长期。企业新产品销售增长迅速，产品利润明显增加，企业具备一定的现金流，进入了正常的成长发展期。

（4）成熟期。该阶段企业的产品占有较大市场份额，但不再具有垄断性，企业的利润逐渐趋于行业的平均利润[①]。企业的突出表现为组织创新，增强技术创新能力，为新产品开发积蓄力量。

科技型企业成长的六阶段和四阶段划分本质上没有区别（见表 3－1），六阶段划分仅是更加细化，把成长阶段进行了更细微的划分。本书认为研究科技型中小企业的融资问题，四阶段划分比较适合，即科技型中小企业成长一般经历种子期、创建期、成长期和成熟期。一方面，这种划分来源于西方的企业生命成长周期论，符合国际习惯，便于同国际发达国家科技型中小企业的成长阶段作对比；另一方面，这种阶段划分简单明了，便于清楚地了解其演化过程。

表 3－1　科技型中小企业阶段划分对比表

四阶段划分名称	六阶段划分名称	主要特征
种子期	研究与开发阶段	企业尚未建立，仅具备设计思想或知识产权
创建期	创业阶段	企业成立，并开发出新产品

① 张玉明．高新技术企业成长规律与融资策略［J］．东岳论丛，2003（6）：67－70.

续表

四阶段划分名称	六阶段划分名称	主要特征
成长期	早期成长阶段 加速成长阶段 稳定成长阶段	新产品销售增长迅速，产品利润明显增加，现金流充足
成熟期	成熟阶段	产品占有较大市场份额，利润逐渐趋于行业的平均利润

3.1.3 各阶段的融资需求分析

无论是机构还是个人，投资的目的是为了经济利益最大化，因此，他们首先考虑的是投资对象的风险、企业投入产出情况。科技型中小企业的生命周期的各个阶段在风险和收益方面呈现出各不相同的特点，相应的，在其生命周期的各个阶段的资金需求和资金来源，即其融资结构也各不相同。

1. 种子期融资需求分析

科技企业的种子期，即研究与开发阶段，这一阶段企业尚没有正式建立，研发阶段的创新活动主要是科技人员进行技术攻关，实现科技成果从理论到实践的转化，即通过科技人员的技术研究行为实现科研成果转化为现实生产力的可行性。该阶段所需要的资金主要投入在支持科研项目开发，一般情况下资金需求量不大。但企业没有经营收入且存在较高的经营风险，使其很难从正规金融机构等方面获得资金，以自有资金、创业者自筹或私人投资等形式为主。此外，也可能得到来自政府的一部分创新基金支持。总体而言，该阶段面临融资渠道单一的困境，资金是制约企业能否成功的关键因素之一。

2. 创建期资金需求分析

在创建期，新技术逐渐实现商品化，新技术真正运用于企业生产过程当中。这一阶段的主要目标是通过对要素资源的优化配置，实现企业基本的生存需要。企业由于需要不断地扩大规模，加上大部分中小型科技企业所固有的高投入特征，资金需求数量较大。但由于中小型科技企业刚刚创立不久，产品和管理等方面仍存在较高的风险，且企业生存和盈利能力也比较弱，很难在短期内得到金融机构的认可，从商业银行获得贷款的可能性较小，资金来源主要依靠自筹，过高的投入使企业自有资金难以满足需要。此阶段风险投资也是科技型中小企业获取资金的主要渠道，另外，政府机构设立的创新基金和孵化基金等为该类企业创立提供了资金支持重要渠道。

3. 成长期资金需求分析

企业通过前两个阶段的发展，实现了科研成果向现实生产力的转化，进入正常的成长时期，企业的主要任务是培育企业的核心能力，提高产品的市场竞争能力，以保障企业健康、稳定和快速的发展①。解决这些问题需要投入大量资金，否则将可能失去高速成长机会，甚至可能停止成长。尽管资金需求大，但企业盈利能力也在逐渐增强，风险相比于前两段时期已经大大降低，资金来源和融资渠道相对通畅，通常可以获得金融机构、风险投资等各种渠道提供的资金，也有可能通过上市直接进行融资。科技型中小企业在该段时期的融资活动应注重优化资本结构，以降低资本成本，提高权益资本的收益水平。

4. 成熟期资金需求分析

进入这一阶段的科技型中小企业已经在市场上占有了较大的市场份额，利润增长率逐渐趋于平稳，所面临的风险也逐渐减少。在成熟阶段，企业的盈利能力比较稳定，风险相对较低，企业从外部获取资金变得相对更容易。同时，在成熟阶段，企业仍面临创新、培育新的增长点以及企业转型的压力，仍然需要较多的资金投入。由于企业有稳定的现金流和利润，已具有足够的信贷能力，融资能力大大提升，企业需要更宽广的资金投入渠道，以满足企业从外部融资的需求。是否具有良好的金融生态环境和资本流动机制，会影响到科技型中小企业的融资和企业的持续发展。

---

① 覃豪．广东民营科技型中小企业金融支持研究［D］．广州：暨南大学，2012.

3.2 科技型中小企业融资困境及成因分析

科技型中小企业融资困境主要与融资难、融资贵有关，通过对其融资困境的分析以及成因的深入分析，才能找到科技型中小企业融资困境的化解途径。

3.2.1 融资困境分析

通过对科技型中小企业不同成长阶段的资金需求分析可以看出，科技型中小企业融资困难主要是在其种子期与创建期（见表3－2）。

表3－2　　　　科技型中小企业融资困境分析表

成长阶段	资金需求特征	融资困境	难易程度
种子期	相对少	风险最高，无成形产品，需要投入	高
创建期	相对多	技术存在不确定性，实物资产少	最高
成长期	多	风险降低，融资渠道通畅	较容易
成熟期	相对少	新一轮产品的研发风险	较容易

1. 种子期与创建期融资困境分析

在其技术开发与新产品试生产阶段，一方面，科技型中小企业拥有技术发明、技术成果，但缺乏必需的资金，并且缺乏可以用作贷款抵押的实物资产，没有良好的产品销售记录。在此阶段，科技型中小企业的资金需求与商业银行的稳健经营原则相悖，商业银行看重的是其盈利能力和还款风险，而企业的技术先进性、未来的发展前景由于专业角度的不同而不能认可，各金融机构出于资金保全的需要，存在惜贷现象，该阶段，科技型中小企业的资金需求就难以从商业银行得到解决。另一方面，长期以来，我国科技型中小企业技术创新资金主要来源于政府财经资金、财政科技拨款，这种资金由于利息低，甚至无息，造成科技型中小企业积极争取，并形成了一定的依赖。但是出于对国家整体技术创新、长远发展和国家安全等方面的考虑，政府财政支持的对象仅限于事关经济发展全局，具有战略性的行业和产品以及已列入国家和地方科技计划的项目，国家财政科技拨款不可能满足全国众多科技型中小企业科技创新的资金需求①。早期发展阶段的融资难、融资贵与该阶段的风险程度息息相关，较大的风险造成其融资成本也较高。在创意或技术开发研究阶段，此时尚没有形成正式的产品，该阶段的风险程度最高，可能的风险主要是：一是技术方面的风险；二是能否开发出产品以及产品能否最终被市场所接受的市场风险。在创建阶段，尽管科技型中小企业已经开发出新产品，并已开始向市场销售产品，其风险程度相对于前一阶段有所降低，但由于此阶段产品的性能以及技术基础尚不够成熟，可能还面临较高的产品开发和技术风险。此外，随着市场需求量的增加，也要求企业扩大规模，不断增加设备、厂房等方面的投入，从而企业还可能遭受因大量投资所引发的资金风险。

2. 成长期与成熟期融资困境分析

根据前面的资金需求分析，科技型中小企业进入到成长阶段，各种风险程度较低，企业具备了一定的实物资产，融资相对容易，但企业为实现规模经济，保持持续竞争力，企业仍需要大量的资金，需要企业不断地扩大融资渠道。与此同时，企业进入到成熟期，由于新进入者的竞争导致产品的边际利润不断下降，企业只有不断地进行技术改造，开发新产品才能够实现降低成本、持续健康发展的目标，但新产品开发仍需要更多的资金投入。总的来讲，科技型中小企业成长期和成熟期融资相对容易。

3.2.2　融资困境成因分析

对科技型中小企业融资困境的成因研究，国内外学者进行了大量的研究，

① 马秋君．中国高科技企业融资问题研究［M］．北京：北京科学技术出版社，2013.

根据前面的分析，主要表现在以下几点。

1. 科技型中小企业规模小、抗风险能力弱

科技型中小企业之所以存在着融资难是因为存在着以下融资障碍：首先，技术创新是科技型中小企业的灵魂，而科技型中小企业在成立的初期，创新人才、技术、知识等资源匮乏，自身研发能力不强，在种子期存在着极大的技术风险，技术创新失败的概率极高。科技型中小企业所开发的产品具有“新、奇、特”的特点才能吸引市场眼球，但由于对产品市场信息、消费者心理了解不深，开发的产品可能与市场脱节，存在比较严重的产品经营风险。另外，科技型中小企业在技术创新、产品开发上存在极高的失败率从而使未来收益存在不确定①。

2. 多元化金融体系不健全，缺乏针对中小企业的普惠金融

马秋君（2013）② 指出，我国目前技术创新投融资体系存在以下结构性缺陷：首先，缺乏活跃的私人资本市场；其次，缺乏为中小企业服务的股权市场。我国主板证券市场虽然到达了一定规模，并对高新技术产业发展发挥了积极作用。但由于众多科技型中小企业的经营历史较短、经营规模偏小，相对抗风险能力较弱，不符合我国主板证券市场上市要求，因此被排斥在资本市场之外。二板市场作为风险投资基金提供投资受益出口的主要通道，也存在一系列问题。总的来讲，中国的资本市场欠发达，未能为众多科技型中小企业提供资金支持的渠道。

3. 融资参与主体之间的信息不对称

科技型中小企业与资金供给方存在着严重的信息不对称程度，导致其融资难、融资贵。银行等金融机构出于稳健性、安全性的经营原则向企业贷款看重

---

① 王洪生，张玉明. 科技型中小企业云融资模式研究［J］. 科技管理研究，2014（13）：76－81.

② 马秋君. 中国高科技企业融资问题研究［M］. 北京：北京科学技术出版社，2013.

的是企业的实物资产规模、产品销售盈利情况、企业的发展前景等，而科技型中小企业的可抵押实物资产少，尤其是企业的种子期和初创期不能形成可观的销售收入，与此同时，高新技术多具有前瞻性、保密性，技术研发能力又难以量化，这造成科技型中小企业与银行等金融机构存在着严重的信息不对称，就导致银行等金融机构对该类企业惜贷。

4. 风险收益不匹配

我国中小企业平均寿命只有 3 年左右，科技型中小企业由于技术创新存在着“高失败率”造成其平均成长周期更短。从银行等金融机构市场主体来看，这类企业信贷存在高风险，与此同时，国家对它们给予中小企业的贷款利率存在上额限制，根据均衡配给理论，银行也担心这类企业逆向选择，因此拒绝该类企业的申请。也就是说，银行等金融机构由于风险收益不匹配成为科技型中小企业融资难、融资贵的原因之一。

5. 财政性资金支持力度有限

在政策性资金方面，中央财政近年来先后设立了科技型中小企业技术创新基金、中小企业国际市场开拓资金、中小企业发展专项资金等以支持科技型中小企业健康发展，一定程度上，这些财政性资金在企业早期发展阶段起到了关键作用，但是对国内众多的科技型中小企业来说只是“杯水车薪”，支持力度有限。况且，在发放、提供的模式上，存在“大锅饭”的平均主义；在具体运作流程上存在不透明、不民主的现象。由此造成真正符合国家产业发展政策但缺乏资金的科技型中小企业得不到相应的财政资金支持。

3.3　科技型中小企业云融资模式框架

根据前面的分析，科技型中小企业的自身特点、我国缺乏多维的金融支持体系以及融资参与主体之间的信息不对称等导致其融资难、融资贵。这与中国的发展国情是分不开的，作为微观主体的科技型中小企业还要从实际出发，充分抓住当前信息经济时代的发展机遇，勇于创新，找到化解其融资困境的新型融资模式。

3.3.1 应用云创新理论动因

基于云创新理论解决科技型中小企业融资困境的动因主要表现在以下几方面。

1. 云创新开放性和民主性特征优势

云创新的开放性和民主性使资金提供主体的对象大范围扩大。云创新模式将创新活动由组织内部拓展到组织内外的各个层面，让创新不再是专业科研机构和研发人员的专利，无论身处世界哪一个角落，只要拥有新创意、新技术、新思维，都能够加入到创新过程中。云创新打破了传统创新的封闭结构，是面向全球范围的个人以及组织资源的整合配置，作为企业成长发展“血液”的资金是其中的重要组成部分。互联网金融是云创新在金融领域的创新模式，是普惠金融形式。随着人们理财意识以及财富创造意识的提高，更多处于云端的个人、机构参与到借贷活动中，作为互联网金融重要实现方式的众筹和P2P网络借贷，已经在全世界范围内风起云涌，根据中国网贷之家的数据，2013 年全国主要 90 家 P2P 平台总成交量 490 亿元，到 2014 年年底突破 2500 亿元，达 2528 亿元。根据 Massolution 公司的研究报告，2009 年全球众筹融资额仅 5.3 亿美元，2011 年就达到了 15 亿美元①。而众筹和 P2P 网络借贷融资方一般是中小企业，尤其是众筹融资主要面对的是具有高科技含量的中小企业。因此，科技型中小企业资金提供主体不仅包括政府扶持性资金、创业者投资、金融机构信贷、风险投资等，还包括处于云端的个人，资金提供主体的对象大范围扩大。

① 肖本华. 美国众筹融资模式的发展及其对我国的启示［J］. 国际金融，2013（1）：52－54.

2. 云创新低成本和高效率特征优势

云创新可以同时借助内部、外部大众化的创新资源及内外两条商业化渠道，其创新成本明显低于传统的封闭式创新模式。通过利用外部资源节省研发时间、降低成本，而且云创新通过信息技术和互联网技术，将社会各类资源在其需要的时候为其所用，从而缩短创新周期、加快创新扩散、提高研发收益。通过互联网、移动互联网、搜索引擎以及大数据等工具，互联网金融模式形成了有别于商业银行间的间接融资，与资本市场直接融资的第三种金融融资模式也不尽相同，云创新视角下的互联网金融模式本质是一种直接融资模式，是一种脱媒融资方式，交易成本大大降低。另外，在众多资金提供主体的参与博弈下，使科技型中小企业有了更多的选择，融资成本得以降低。云创新模式下，云计算、大数据挖掘等互联网计算机技术的使用使融资活动的效率得以提升。科技型中小企业可以根据企业发展不同阶段整合资金成本低的资金，从而实现低成本、高效率的融资。

3. 云创新群体智慧特征优势

人才是企业内最具能动性的要素，也是企业的创新的基础和成长保障。尤其是高新技术企业是以个体创造力、思想、技能、知识以及创新成果输出及其转化为特征的企业，而只有人才才能创造这些富有价值的无形产品，云创新是在全球范围内，通过开放的第三方平台征集创新方案，将吸引众多的人才参与到创新方案的制定中，并且众多的参与人员之间的互动，与科技型中小企业创意方案需求者之间的互动将会使创新方案体现出群体智慧，是群策全力的结果。一定程度上弥补了科技型中小企业人才匮乏的瓶颈问题。在科技型中小企业融资模式创新、解决其融资难、融资贵等问题上，也存在着金融人才匮乏，缺乏全面了解国家产业政策、金融支持政策以及互联网运作的创新人才，可以通过相应的云创新平台发挥群体智慧的特征解决创新人才缺乏困境。

4. 云创新资源整合特征优势

科技型中小企业一般而言，规模较小，尤其是初创期知识储备少、技术创新能力弱等。多数主要是以知识产权和品牌价值等无形资产作为资产存在的表现形式，机器设备等有形的资产比重小，可用于抵押的资产很少，这样就不能满足银行发放抵押贷款的要求。加上信息不对称造成科技型中小企业融资难，严重制约着它们的健康持续发展。云创新是在全球氛围内整合资源，将分散的、自发的、海量的创新资源聚合起来，通过一定的规则使资源流向最能体现其价值的地方。科技型中小企业可以通过云平台寻求利于自身发展的知识、资金、技术等资源，在不违背知识产权的前提下为我所用。通过云创新来解决其融资难的问题。美国众筹融资模式就是云创新在融资创新过程中的具体应用，特别适合创造知识产权的行业，比如科技金融企业，它通过互联网平台在众多的投资者和寻求融资的中小企业间架起了一架桥梁。Kickstarter 目前是全球最大的众筹融资平台，截至 2012 年 3 月末，Kickstarter 一共为 20000 个项目融资 1.75 亿美元。“鹅卵石手表”“海拔基座” 等富有高科技含量的创新项目均从众筹网站筹到了客观的发展资金，得到了良好发展。中国的科技型中小企业可以借鉴美国的做法进行融资创新。

5. 云创新高科技和低消耗特征优势

云创新是以互联网为背景特征，融合了云计算、现代信息通信等技术，具有高科技特征。同时，云创新平台更加着眼于如何生产出对环境影响最小、能源利用率最高的产品，可以在不同的应用程序之间虚拟化和共享资源，以提高服务器的利用率。在云中，多个操作系统和应用程序之间共享虚拟化服务器，从而减少服务器的数量。更少的服务器意味着需要更少的空间、更少的电能和更少的污染。因此，云创新不仅节约了创新成本和能源消耗，也推动了绿色经济和生态文明的发展，具有低消耗的特征。科技型中小企业本身从事科技创新活动，可以通过高新技术的运用解决融资难、融资贵。同时云创新低消耗的特征优势使缺乏资金的科技型中小企业降低融资成本。

3.3.2 云融资模式内涵

科技型中小企业的技术研发具有先天的“高风险、高失败率”等特征，与资金提供主体存在信息不对称、风险收益不匹配等融资障碍，在互联网平台经济时代，云创新所具有的开放性和民主性、低成本和高效率、高科技和低消耗等时代特征可以缓解其上述障碍，从而解决科技型中小企业融资难的现状。基于云创新的视角，科技型中小企业可以充分用互联网的“自由、民主、平等、合作、共享”的特征，根据科技型中小企业发展的不同阶段资金需求特点和风险程度，在一定的金融生态环境下，整合政府扶持资金、传统金融机构、天使投资、风险资金、资本市场资金、民间社会资金等，按照特有的运行机制为科技型中小企业提供动态的、低成本、高效率以及风险程度较低的资金需求。它是一种适应互联网发展阶段的“参与民主、能力开放、资源共享、动态交互、边界模糊”的云创新方式。这种创新的融资模式形成了政府、金融机构、民间机构、个人、中介服务机构等众多利益相关方资源参与的创新系统，使融资风险得以分担，科技型中小企业融资风险大的问题得以破解。这种融资创新方式可以称之为科技型中小企业云融资模式。

之所以称之为“云融资模式”，一方面该模式是基于云创新理论视角。“云”的提法源于云计算，原意是指云计算外部资源整合模式，后将这种云资源的转化模式引入创新领域，为创业公司提供资金、推广、支付、物流等一整套服务，进而形成一种“云创新”模式，该模式是通过互联网、现代通信等新兴技术把组织内外分散的、巨大的、自发的创新资源有机整合起来，运用科学的管理方式、运作过程以及合作机制，超越组织边界和地域限制，由众多利益相关方共同参与的开放、民主、分散的创新模式①。另一方面，“云融资模式”中的“云”代表着资源。根据企业成长资源论，企业是各种资源的集合体，企业的可持续发展的竞争能力来自于对各种资源的整合能力。云融资模式中的资金供给主体众多，既包括政府、金融机构、民间金融机构、中介机构，同时还包括成千上万的个人投资者，而且整合了人才、资金、技术以及信息等要素资源。再者，“云”也代表着企业与金融、传统金融与互联网金融、实体经济与虚拟经济通过互联网联系在一起，解决科技型中小企业融资难、融资贵

① 张玉明，王洪生. 基于云创新的政府管理创新研究［J］. 东南学术，2014（2）：73－78.

的现状。

如图 3－3 所示，科技型中小企业云融资模式涉及多创新主体，包括企业、政府、资金供给机构和中介服务机构等。资金、信息以及服务等创新资源和创新环境构成了科技云融资新模式的要素，各主体都参与到对创新资源的投入中，包括对资金、技术和服务的投入。创新环境既离不开各主体的维护，又对主体活动形成了制约和保障，宏观经济环境、法律制度环境、创新文化环境和合作共赢环境，推动了资金、信息等资源的流动与共享，为融资创新活动的开展提供了服务平台和沟通渠道。而云融资活动的实现离不开创新机制的推动，动力运行机制、利益导向机制、组织协调机制和合作共赢机制既保障了各主体参与融资创新的动力，又使得松散的组织合作有条不紊地进行。融资创新的最

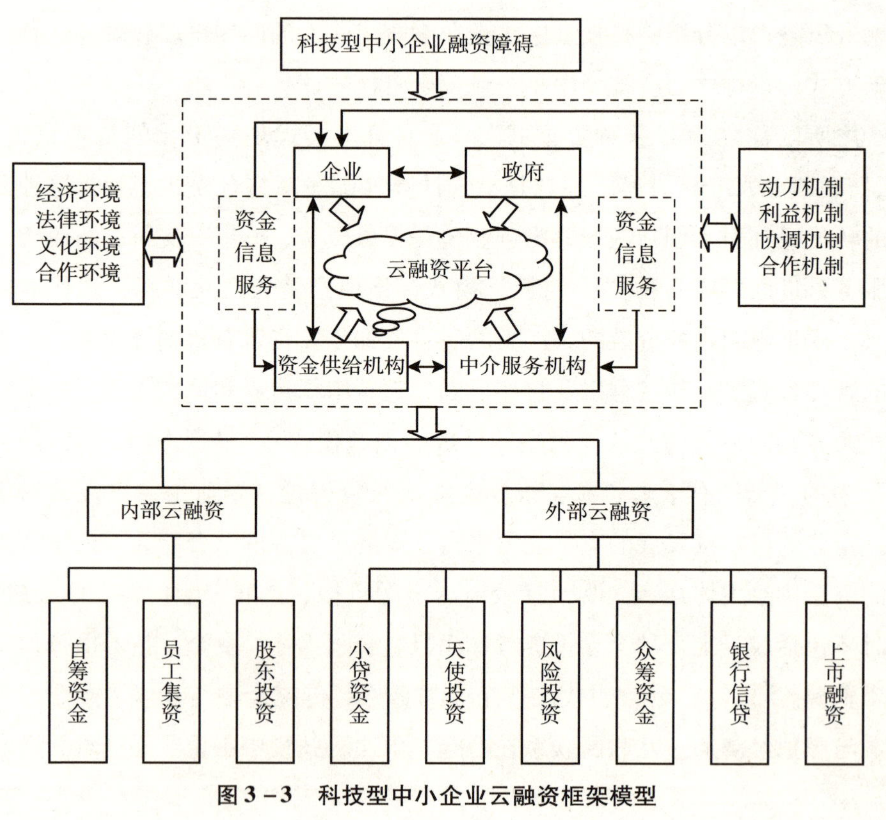

图 3－3　科技型中小企业云融资框架模型

终目的是通过云融资创新平台化解信息不对称，共同承担市场风险和获得收益，使科技型中小企业在纵向发展的不同阶段得到低成本、高效率的资金，既可以通过自筹资金、员工集资、股东投资方式形成内部云融资，还可通过小贷投资、天使投资、风险投资、众筹资金、银行信贷、上市融资等方式形成外部云融资，同时其他参与主体也会获得与风险相匹配的收益。科技云融资活动形成了一个多方共赢的生态圈，对科技型中小企业的持续、健康发展起到保驾护航的作用①。

3.3.3　云融资模式特征

科技型中小企业云融资模式是基于云创新理论视角，适合互联网时代的创新融资模式，相对传统的融资模式，它具有以下主要特征。

1. 融资主体之间的信息不对称得以缓解

科技型中小企业融资难与银行的惜贷行为密切相关，而银行惜贷是因为科技型中小企业的可抵押资产少，技术创新风险大，银行对企业产品的市场前景、盈利能力等信息掌握较少，云融资平台上集合了大量的企业生产、经营以及技术创新等公开透明信息，并且众多中介机构的参与一定程度上保障了信息的真实可靠，银行等金融机构通过云计算、大数据挖掘等现代信息工具分享企业的可靠信息，企业也能够在融资平台上充分了解资金提供主体的真实背景、服务水平，因此融资方与银行等金融机构之间的信息不对称程度大大降低。

2. 融资主体之间的风险收益不匹配得以化解

一方面，资金提供主体对象大范围的扩大无形之中使各融资主体共担风险，使每个主体所承受的风险程度降低；另一方面，银行等金融机构惜贷是因为科技型中小企业在种子期、初创期存在一系列的技术风险、产品市场风险，

① 王洪生，张玉明．科技型中小企业融资模式创新研究［J］．科技管理研究，2014（13）：76－81.

云融资的实施使创新主体全球范围内整合资源，技术创新、产品开发的风险大大降低，从而使银行等金融机构的风险收益相匹配。再者，云融资活动的顺利实施还包括担保、会计师事务所、法律服务机构、科研院校等中介服务机构的参与，它们能够对优质科研产品的开发起到筛选和保障作用，从而化解了一定程度的风险。

3. 云融资模式是低成本、高效率的融资模式

科技型中小企业云融资模式是基于云创新理论基础上的融资模式再创新，它充分具备了云创新所具有的“低成本、高效率”显著特征。具体地讲，一方面，众多的资金提供主体的参与以及他们之间的博弈竞争可使企业得到低成本的资金来源和高效的金融服务；另一方面，云计算、大数据等现代信息技术的应用无形之中提高了工作效率和精准程度。阿里巴巴旗下的阿里小贷是云融资模式，从2010年到2014年3月累计向小微企业发放了1700亿元贷款，单笔信贷成本2.3元，客户3分钟获贷，不良率低于1%，而一般银行的单笔信贷成本在2000元左右。

4. 云融资模式围绕融资平台形成了多方共赢生态圈

科技型中小企业云融资模式的运作是平台模式，平台模式与传统企业运营模式的不同之处在于它并非仅是单向价值链中的一个环节，平台是价值的整合者，多边群体连接到一起，通过互动交流、信息的挖掘、共享实现了多层级的价值主张。对于融资活动来讲，科技型中小企业实现了低成本、高效率的融资；政府由于企业的发展实现了经济结构调整、当地财政收入增长等目标；资金提供主体实现了较好资金投资收益；中介服务机构服务功能得以运转，并得到了应得的收益，这样，各融资主体围绕融资平台形成了多方共赢生态圈。

5. 云融资模式是一种多维融资模式

按照不同的内容或标准，如图3－4所示，科技型中小企业云融资有多种不同方式的划分，如可从资源位置属性、所有权归属属性以及融资阶段属性进

行区分。云创新使组织边界变得模糊化，但并不代表资金资源虚无缥缈、无界限可循，以科技型中小企业组织边界为限，云融资可以划分为内部云融资和外部云融资。内部云融资的资金所有权归属于科技型中小企业内部，包括创业者的个人投资、企业职工的集资、股东再投资等，内部云融资是科技型中小企业进行云融资首先考虑的和关注的融资活动，这类资金属于组织内部，直接易得，资金成本低，获取方便；外部云融资的资金所有权归属于企业的外部，资金来源于传统金融机构、民间资金、风险投资、政府的扶持资金、上市公司资金等，外部云融资为科技型中小企进一步发展壮大补充了“血液”。根据资金资源的所有权属性不同，云融资活动可划分为政府云融资、个人云融资、机构云融资以及 IPO（Initial Public Offerings，首次公开募股）云融资。政府云融资

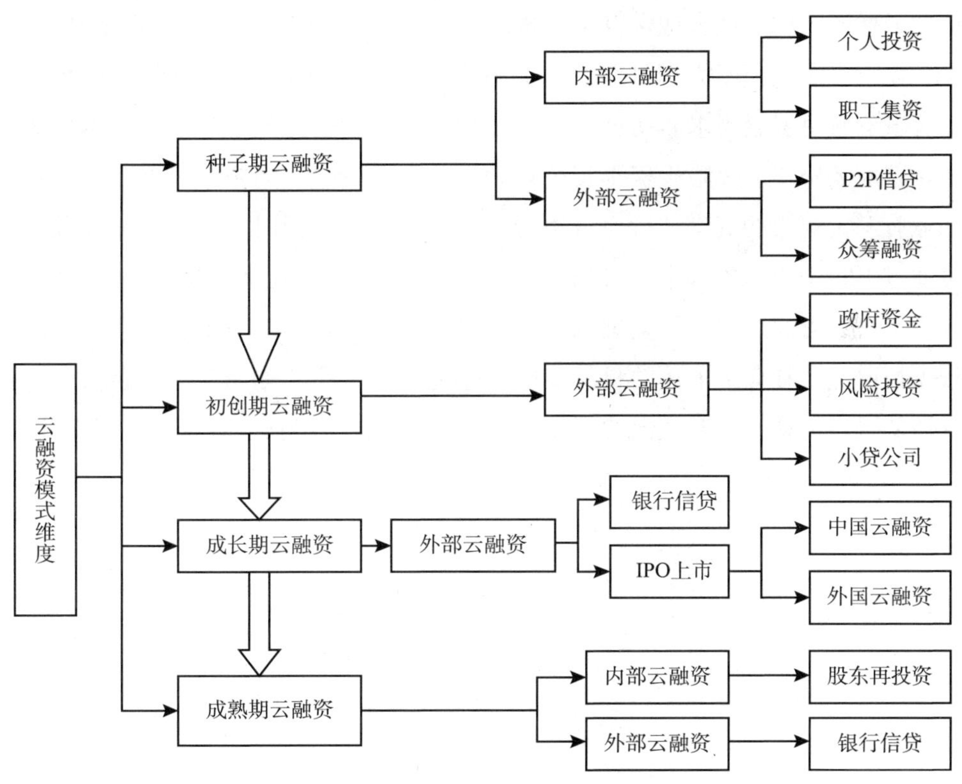

图 3－4　科技型中小企业云融资模式维度

是指资金来源于政府的扶持资金；个人云融资是指资金是由处于云端的个人，既包括创业者个人投资，也包括互联网金融的P2P网络借贷和众筹融资；机构云融资的范围比较宽泛，包括传统金融机构、民间小贷公司、风险投资机构、信托机构以及私募基金等；IPO云融资是指企业发展到一定阶段，为进一步发展壮大从资金市场公募取得发展资金，既包括从中国的资本市场，也可以走出国门，到其他国家资本市场融资，因此，又可分为中国云融资和外国云融资。

6. 云融资模式是一种立体化、动态融资模式

根据前面的分析，科技型中小企业的发展包括种子期、初创期、成长期和成熟期，不同的成长阶段，因为资金需求规模不同、风险程度不同融资的对象和方式也就不同，按照科技型中小企业成长阶段划分可分为种子期云融资、初创期云融资、成长期云融资以及成熟期云融资。种子期云融资由于可抵押资产少、需求资金规模不大，可通过创业者个人投资、职工集资、P2P网络借贷、众筹融资解决资金需求。初创期的科技型中小企业已经具备一定的技术能力，可从政府云融资、风险投资小贷公司融资等取得资金。当企业发展到成长期，企业有一定规模的资产，可通过银行信贷融得资金，同时为进一步发展壮大，可通过IPO上市从资本市场得到较大规模的资金。企业进入衰退期，资金需求规模不大，可通过银行等金融机构融资。随着风险投资的可能退出，创业者可根据情况进行补充。上述的科技型中小企业云融资模式如图3－4所示，既有纵向的融资活动，也有横向的深度解决方案，体现了科技云融资互通互交的立体性和动态演化性。

第 4 章

科技型中小企业云融资模式要素分析

在前述理论分析的基础上，按照要素—结构—功能的研究逻辑，本章着重探讨科技型中小企业云融资模式的核心要素。分析过程中，强调了理论与实证的结合，即先通过理论推演的方法构建要素池，进而根据要素池进行实证检验，以使得要素的提取更具可信性。

4.1 基本要素构成

科技型中小企业云融资是互联网经济时代融资领域的一场重要变革，它借助互联网平台、现代通信等技术手段把分散的资金、信息、技术、服务等资源加以整合利用，并充分运用科学的管理方式和标准化的运作流程，实现无边界和地域限制的整合，有效地吸引众多相关利益方参与的融资活动。从现有的研究情况来看，关于云融资的具体实践模式理论上还没有统一的界定，缺乏具有普遍意义上的理论或模型，为进一步理解和认识科技型中小企业云融资模式，有必要从参与融资的主体、云融资活动流通中的要素、周围的环境要素及其作用等方面进行解读和剖析。

4.1.1 主体要素

科技型中小企业云融资模式涉及众多的机构、个人等不同类型的参与者，这些参与者之间又存在多种形式的作用关系，呈现出了许多复杂系统所具有的特征，所以对云融资模式的研究可以将其看成是复杂系统。在云融资系统中涵盖了四类不同性质的主体：资金需求主体、政策性资金供给主体、商业资金供给主体和中介服务机构主体。各主体在相互作用的过程中具有多种不同的功能，彼此之间具有相对复杂的作用关系。

1. 资金需求主体

资金需求主体在本书的研究中主要是指科技型中小企业，其在云融资活动中扮演着核心的角色和作用，它们是技术创新的承担者，同时又是云融资活动中最重要的参与方和资金需求方，是云融资的收益分享者；同时，为了获得低成本的资金，需要向云融资平台提供即时、真实可靠的信息，并与其他云融资主体互动、交流，降低彼此之间的信息不对称。

（1）技术创新的承担者。科技创新是科技型中小企业的生存根本，是其持续健康发展的保障。企业只有具备良好的技术创新能力才可能取得资金提供方的青睐，因此，企业要融资首先要强化技术创新的内功。在科技型中小企业发展的初期，人才、知识、技术等创新资源匮乏，企业可借助于云创新的模式在全球范围内整合资源，从海量的信息中挖掘有价值的信息，提高自身的创新能力，同时，可通过与资金提供方的互动交流，分享管理经验，提升企业的整体素质。

（2）云融资模式的发起者。云融资的实施必须要有发起者，作为发起者的科技型中小企业，首先要根据自己不同发展阶段所需资金规模提出融资额度以及偿还条款，所提议的融资额度能够对产品开发、生产经营或者扩大规模起到推动作用，同时，发起者还充当管理者角色，因为在云融资过程中可能收集到资金供给主体大量的融资方案，需要能够从中选出适合企业自身情况、高度可操作性、低成本高效率的融资方案。

（3）云融资模式受益者。科技型中小企业是融资活动的直接受益者，一方面，云融资活动可提供的低成本、高效率的资金使企业能够加快技术创新的进程，开发出科技含量高的新产品，从而取得更多更好的收益，企业能够适时扩大生产规模，产生规模效益；另一方面，云融资模式是由众多主体参与的云创新模式，它们不仅可以为企业提供资金，而且云融资还可为企业的技术创新、企业管理等方面提供指导和建议。例如，风险投资机构都具有丰厚的企业管理经验，它们提供资金的同时，也参与企业的管理和经营，企业可以避免走些弯路。众筹模式的资金提供者有的仅是对参与的项目感兴趣，能够提供技术帮助。

（4）云融资模式的信息提供者。相对于传统的融资模式，云融资模式更多的是互联网平台上的活动，各主体之间的参与是建立在信息的挖掘和分享上，只有科技型中小企业向云融资平台及时地、准确地提供企业的技术开发信息、生产经营信息以及财务信息，形成大数据，才能建立信息分享和挖掘的基础。

（5）云融资模式的资金偿还者。权利和义务都是对等的，科技型中小企业在获得融资、助推企业发展的同时，必须及时偿还本金和应付的利息，才能取得良好的信用记录，从而使云融资活动持续健康地进行。

2. 政策性资金供给主体

政府在科技型中小企业云融资中扮演着极为重要的角色，它在为企业发展提供扶持性资金的同时，还发挥了相关金融政策制定者和监管者的角色，其作用主要表现在以下几个方面。

（1）互联网金融、产业政策的制定者和规划者。互联网金融是当今互联网经济时代金融服务的创新，美国对 P2P 网络借贷、众筹方式都有专门的监管机构和法律文件。目前中国政府在此方面有所欠缺，比如对于 P2P 借贷，政府还没有准入门槛、行业标准以及监管部门方面的法律条文。要使科技型中小企业云融资顺利健康运行，政府需要适时制定合适的法律条文和规划。同时，政府是国家或区域产业政策的制定者，这些政策指导着科技型中小企业的发展方向。

（2）扶持性资金的提供者和社会资金的引导者。政府利用财政资金来帮助处于种子期的科技型中小企业是世界各国普遍性的做法。科技型中小企业在种子期和初创期实物资产较少，难以从银行等金融机构取得贷款，扶持性资金的提供可以说是雪中送炭，极大地激发了企业科技创新的积极性。再者，通过财政资金的投入，政府可以利用其巨大的公信力引导社会资金的跟进，放大资金规模①，从而缓解科技型中小企业的融资难现状。

（3）云融资模式的收益分享者。政府把资金投向符合其产业政策，比如电子信息、新材料、环保节能等科技含量高的中小企业，有助于推进我国产业结构优化升级，促进以创新驱动为核心的新型国家建设。同时，云融资活动的顺利进行助推了科技型中小企业的做强、做大，培育了区域竞争力，带来了客观的财政收入，创造了更多就业机会。另外，社会闲散资金高效健康的出口减少了高利贷现象的发生，促进了社会和谐。可以说，政府是云融资模式最大社会收益分享者。

（4）云融资的监管者。互联网金融作为新型的金融服务理念，现有的金融监管体系尚不完善，存在一定的监管缺位，云融资模式中的 P2P 网络借贷、众筹作为互联网金融的重要组成部分，目前也暴露出风险收益失控的现象，根据“网贷之家”提供的数据，2013 年检测到 74 家 P2P 平台出现问题，出现提现困难的平台年化收益率普遍高于 40%，而企业是难以承受如此高的资金成本。政府除了尽快制定相应的政策，确定风险监管部门外，还需要时时监管其运行风险。

3. 商业资金供给主体

商业资金供给主体的来源比较广泛，包括个人投资主体、企业战略投资主体、正规金融机构主体、民间金融机构主体以及风险投资人主体等，这些主体

① 金学军，陈杭生．从桥隧模式到路衢模式［M］．杭州：浙江大学出版社，2009.

涉及的范围、提供资金方式和投资阶段上有各有不同（见表 4－1）。①个人投资主体是指能够向科技型中小企业提供资金的自然人，他们一般提供的额度比较小，发生在科技型中小企业的种子期和初创期，提供的资金形式包括债务融资形式的 P2P 网络借贷，或者股权形式的众筹融资。②企业战略投资主体是指与融资的科技型中小企业建立战略合作关系的投资主体，它们在较长时间内持有企业股权或其他资本工具，并在管理、业务、人才等方面与被投资的企业有较深的合作关系。包括债务融资和股权融资，一般发生在企业的成长期和成熟期。③正规金融机构主体是指向企业提供信贷融资的银行，包括抵押贷款、担保贷款、买房贷款、票据贴现贷款以及信用贷款等债务融资。一般发生在科技型中小企业初具生产规模的后期。④民间金融机构主体近几年发展比较快，包括小额贷款公司、担保公司、典当、农村信用社、农村合作基金、村镇银行和信托以及金融租赁公司等各种类型的民间金融机构，它们面向的是融资需求规模相对较小、达不到国家银行贷款条件的中小企业，由于承受风险程度高一些，其利率也相对较高。民间借贷近年来成为科技型企业融资的新宠，据调查，北京中关村的高科技企业有 300 多亿民间资金，占园区科技型中小企业周转资金的 1/4，园区 83.6% 的高科技企业曾以民间融资为获取资金的主要渠道[①]。⑤风险投资人主体是指由专业投资人向快速成长的并具有很大升值潜力的新兴公司购买股权、提供贷款或既购买股权又提供贷款的风险资本家、风险投资公司、产业附属投资公司以及天使投资人。风险投资的方式包括直接投资、提供担保或贷款担保等。风险投资一般是种子期的小投入、创业期的大投入、成长期的大投入以及成熟期的部分投入或退出[②]。

商业资金提供主体在科技型中小企业云融资除了为企业融通资金外，部分主体还介入管理和服务的角色和作用，具体角色和作用如下所述。

---

① 赵弘，赵燕霞．中关村高科技企业融资情况调查［R］．北京：北京市社科院，2006.

② 马秋君．中国高科技企业融资问题研究［M］．北京：北京科学技术出版社，2013.

表4-1　　商业资金供给主体情况

主体名称	主体范围	融资方式	主要融资阶段
个人投资主体	自然人	P2P、众筹	种子期
企业战略投资主体	相关企业	债务融资和股权融资	成长期、成熟期
正规金融机构主体	银行	抵押贷款、担保贷款、买方贷款、票据贴现贷款以及信用贷款	成长期、成熟期
民间金融机构主体	小额贷款公司、担保公司、典当、农村信用社、农村合作基金、村镇银行和信托以及金融租赁公司等	民间借贷、融资租赁	初创期、成长期
风险投资人主体	风险资本家、风险投资公司、产业附属投资公司以及天使投资人	直接投资、提供担保或贷款担保	种子期、初创期、成长期、成熟期

（1）商业资金的提供者。无论是科技型中小企业早期的科技研发，还是企业正常生产经营，都需要大量的资金投入，尤其是进入初创期后，仅靠创业者的投资和政府的扶持资金是远远不够的，这就需要从资本市场中进行融资。商业资金提供主体为科技型中小企业提供了多元化资金融通方式，诸多的商业资金提供方的积极参与，以及多元化的参与方式，在很大程度上为科技型中小企业低成本、高效率的融资奠定了基础。企业可根据不同发展阶段资金需求特点进行动态融资。

（2）企业正常运营的监督者。商业资金提供主体提供资金的目的是使自身的资金收益最大化，因此企业能够按时偿还资金是它们最为关心的问题。商业资金提供主体还要动态地跟踪、监督企业的科技开放、生产经营情况，尤其是那些以股权投资方式提供资金的主体，它们提供资金的目的是为了长期持有，取得更好收益，更应该及时监督企业的运营。

（3）企业正常运营的管理者。一般来讲，商业资金提供主体不参与企业的管理，但部分资金提供主体还是企业正常运营的管理者，例如风险投资具有很强的参与性，风险投资公司在向科技型风险企业投入资金的同时，也参与企业或项目的管理，就有很强的参与性；众筹融资的部分投资者也积极参与项目的研发和企业管理。这些商业资金主体的参与管理使企业拓展了视野，具有良好的助推作用。

（4）云融资模式的收益分享者。科技型中小企业在商业资金的及时、足量提供下，科技创新得以顺利开展，企业生产经营正常运转，企业就可以及时偿还本金和利息以及利润分红。商业资金主体收到与自己风险相匹配的资金收益。并通过与企业的业务往来、互动取得一定的业务收益。

4. 中介服务机构主体

科技型中小企业云融资的中介服务机构主体主要是指在资金需求与提供方之间提供资金融通服务的中介机构。通常，这类主体主要包括信用担保机构、信用评级机构、知识产权评估管理机构、会计师事务所、平台管理机构等组织。它们是云融资的参与者和支持者，与此同时，云融资的顺利进行给每个参与主体带来了收益，它们是云融资的收益分享者。由于它们是专业机构，所扮演的角色各不相同。

（1）信用担保机构。尽管担保机构是市场经济的产物，由于担保服务具有准公共品的性质，任何国家的信用担保体系建设都离不开政府的引导和支持。中小企业担保体系通常是以国家政策性担保机构为主、以商业性担保机构和民间互助性担保机构为辅的多元化体系①。信用担保引导信贷资金和社会资金投向科技型企业。通过信用担保机构为科技型中小企业提供担保起到了一种风险分担的作用，而这样的一种风险分担和分散机制也在一定程度上大大降低了商业银行的信贷风险，有利于企业从商业银行获得信贷资金②。

（2）信用评级机构。信用评级机构是融资领域的一个重要的服务性中介机构，在银企之间、企业之间、政企之间起到了有效沟通的桥梁作用。投资者

① 任曙明，郑阳，张婧阳．科技型中小企业资本结构决策与融资服务体系［M］．北京：科学出版社，2010.

② 张玉明．中小型科技企业成长机制［M］．北京：经济科学出版社，2011.

可以利用信用评级减少信息不对称所产生的投资风险①，政府部门可以进行有效监督，利用信用评级，科技型中小企业可以拓宽融资渠道，获得低成本的融资。

（3）知识产权评估管理机构。科技型中小企业虽然可抵押实物资产少，但他们注重科技创新，掌握着某种产品或项目的专有技术或无形资产。专业的知识产权评估机构能够客观、公正地对专有技术质押物进行动态管理，规范评估知识产权等无形资产，使银行、担保机构等开展知识产权质押贷款时承担的风险有效控制，使科技型中小企业能够发挥充分利用好知识产权质押融资方式。

（4）会计师事务所。会计师事务所是指依法独立承担注册会计师业务的中介服务机构，是由具有一定会计专业水平、经考核取得证书的会计师组成的、受当事人委托承办有关审计、会计等方面业务的组织②。它的报告全面反映了企业的盈利能力、财务状况以及发展前景，具有权威和法律效力。科技型中小企业进入到发展的成长期后，通过会计师事务所出具的年度或季度报告从而得到资金提供主体的认可。

（5）平台管理机构。平台管理机构是科技型中小企业云融资活动的管理者和协调者。它收集、整理、挖掘来自科技型中小企业、政府、资金供给主体以及其他服务性中介机构海量的信息，并使之在各个主体之间得到共享。它使云融资平台与其他参与主体的平台进行对接，在这种情况下，资金、信息、知识等创新资源才能在主体之间传导、共享，使云融资活动顺利进行。

4.1.2 传导要素

科技型中小企业云融资模式中，科技型中小企业提供企业的经营信息，发布需求资金信息，并在借款到期后偿还资金；资金提供主体根据相关信息提供

---

① 马秋君．中国高科技企业融资问题研究［M］．北京：北京科学技术出版社，2013.

② 百度百科 http：//wwwbaike. baidu. com/2013－12－16.

资金及相关服务，中介服务机构经过信息的整理、分析并为融资活动提供服务，因此，资金、信息、服务等要素在科技型中小企业云融资模式中不停地流通、循环，具有传导、流通的属性，可以称之为传导要素。

1. 资金要素

资金通常被看作是企业的“血液”，经营活动离不开资金的支持，企业的生存必须要有“血液的循环”①。在科技型中小企业的云融资模式中，政府、商业资金等多元化的提供方是企业从外部获取资金的主要途径，科技型中小企业可以通过利用这些资金进行技术创新、产品研发，以及为经营活动提供必要的资金支持等。在此基础上，当企业的产品进入市场销售，即可以利用获得的资金偿还不同资金提供方的借款及利息，实现资金的循环回流，整个过程组成了一个闭环的结构。资金流实现了在资金需求方和提供方之间的有序运动，有助于保障云融资模式的合理运转。再者，我国民间具有高额的储蓄资金，而中小企业面临着融资困境，我国又缺乏高效利用资金的机制，云融资模式能够使社会闲散的资金充分利用，同时又化解了科技型中小企业的融资困境。

2. 信息要素

互联网背景下，信息创造价值的作用日益明显，谁拥有了信息的先机谁就能够带来高效的生产力。在科技型中小企业云融资模式中，信息是这一体系有序运行的重要基础，尤其是在不同参与方之间的信息共享。云融资模式中，资金提供方提供资金的前提是他们可以对资金需求方，即科技型中小企业的信用、经营等相关的信息都有相对完善的把握，从而降低了信息不对称造成的高风险性。随着互联网技术在金融等相关领域的广泛应用，科技型中小企业可以获得的融资的通道越来越多，它需要对多种渠道来源的资金提供方的服务信息进行比对，从而选择更有助于企业自身发展的资金提供方。可以说，信息促进

① 张玉明．中小型科技企业成长机制［M］．北京：经济科学出版社，2011．

了科技型中小企业云融资不同参与主体之间的互动，有助于云融资体系的正常运转。

3. 服务要素

劳动、资本是经济学活动中的主要生产要素，随着第三产业的迅猛发展，劳动不仅仅意味着体力劳动，脑力劳动的重要性日益明显。“服务”的概念应势而生，服务通常是指一个广泛的、不同种类的经济活动集合（Hytonen，2005）。并且这些经济活动具有某种无形性、价值附加性，用以满足顾客需求（Gronroos，2000）。在科技型中小企业云融资系统中，会计师事务所、知识产权机构、征信机构等中介机构为资金提供主体和需求主体提供了不同专业能力的服务内容，一定程度上解决了它们之间的信息不对称，为融资过程的顺利完成起到了保障作用。另外，资金提供主体为科技型中小企业提供资金，本身也是服务过程。因此，“服务”要素在科技型中小企业云融资模式中具有举足轻重的作用。

4. 其他要素

科技型中小企业云融资的顺利开展还需要设备、平台等“硬”要素以及人才、技术、知识等“软”要素。云融资本身是现代信息通信技术发展到一定程度，适应互联网经济时代的创新产物，具有较高的技术含量。但再高级的设备和先进的技术都需要人的参与。科技型中小企业云融资不仅需要懂云计算、现代信息技术的人才，同时还需要懂融资的专业金融人才。知识是人们在长期的实践过程中形成的认识或经验，云融资的各参与主体需要掌握云创新理论、互联网思维等新知识才能保障云融资的顺利进行。以上要素相对都是稳定的，流动性差。

4.1.3 环境要素

科技型中小企业云融资创新是一个非常复杂的活动过程，该过程中有众多的参与要素，为了保障云融资的实施开展，参与主体的作用最为关键，尤其是它们之间存在相互作用与相互影响的关系，直接影响或决定了征集到的方案的科学性和可操作性等。要保障云融资的顺利开展，也离不开其他形式的要素，如资金、成果、设备等一类的硬要素，也包括外部环境、流程、机制、网络平台等软要素。结合前述对云融资本质的阐释，云融资要素主要包括外部环境、资金以及网络平台。云融资模式需要在一定的环境中展开，并可能随着时空的推移而变化，存在一定的不确定性，增加了云融资的复杂性。云融资包括以下环境。

1. 政策扶持环境

中小企业与国家调整经济结构和改变经济增长方式、国家产业政策密切相关，因此，完善中小企业融资环境必须坚持政府主导才能更加有效地统筹各方，保护中小企业利益①。政策环境一般包括信贷政策、产业政策和财税政策等。良好的政策扶持体系有助于云融资活动的顺利开展，更好地解决科技型中小企业的融资困境。例如，国家在信贷政策方面的宽松，尤其是实施对中小微企业的定量宽松，将会大大缓解科技型中小企业融资难的局面。在制定产业政策时，如果加大对高新技术企业的扶持力度，给以税收优惠、财政补贴、贷款补助等政策，将助推科技型中小企业的健康持续发展。

2. 法治建设环境

法律制度决定金融活动的交易费用，一个好的法律制度有利于保护产权，降低金融活动的交易费用，提高金融交易效率；反之，法律制度不健全，会影响金融生态的内部结构，弱化金融功能，甚至破坏金融生态平衡。如果法律制度存在漏洞，经济主体的预期就会扭曲，一些特殊主体利用漏洞谋取不正当利益，这有可能产生数量很大的不良资产。而不良资产的积累，造成银行“惜

---

① 姚连芳，谢京．中小企业融资环境优化路径与策略研究［J］．学习与实践，2012（8）：30－33.

贷”现象严重[①]。监管政策等法律文件对传统金融机构以及民间资本等非传统金融机构的资金提供程度起着关键的导向作用，健全的法律制度环境能够使云融资活动在一个“有法必依、执法必严”的法制社会进行，云融资的参与主体都能够得到应得利益（王洪生等，2014）[②]。

3. 文化创新环境

互联网金融本身是互联网行业与传统金融行业的跨界融合，是金融服务领域的创新，创新需要在思维层面的突破，塑造和培育鼓励创新的氛围，有助于诞生数量众多的创新活动，从而对云融资起到推动作用。创新就可能与人们的传统观念、习惯意识相抵触，就可能超出原来的条条框框，有不完善之处，云融资模式也不例外。人们需要认识到互联网金融带来的便捷性和共享性等优势，接受云融资模式，并在今后的实践中逐步修正完善。

4. 社会信用环境

解决科技型中小企融资难，需优化社会信用环境，社会信用环境是金融生态环境的基石。目前，我国信用制度尚不健全，尽管近年来提出了加强社会信用体系建设的相关要求，但整体信用意识相对薄弱，部分企业的恶意不还贷行为在很大程度影响到了其他企业组织，导致了诸多不利的现象产生。互联网金融机构之间的竞争，导致相互之间的信息必然不通畅，存在一些企业在多家过度贷款现象，增加了还贷风险，为了控制互联网金融的整体风险，必须建立覆盖全国、全行业的互联网金融征信系统[③]。云融资模式是以互联网为依托的虚拟交易，它的顺利进行需要建立在良好的社会信用环境基础之上。参与主体，尤其是企业的诚信经营是极为关键的。

---

① 王萍．信用文化与融资环境［N］．金融时报，2013-08-09.

② 王洪生，张玉明．科技型中小企业云融资模式研究［J］．科技管理研究，2014（13）：76-81.

③ 刘芸，朱瑞博．互联网金融、小微企业融资与征信体系深化［J］．征信，2014（2）：31-35.

4.2　要素甄别设计

对科技型中小企业云融资模式的构成要素进行测度，首先是要通过理论分析提出观测指标，建立评估指标体系。在此基础上，阐述了测试样本的选择过程，并进一步对样本的基本特征加以描述，提出实证检验中所选择的主要研究方法，以及简要说明各方法如何应用于具体的因素甄别。

4.2.1　变量选择与测度说明

前述对科技型中小企业云融资模式的理论分析表明，构成要素主要涵盖了传导要素、主体要素和环境要素三类。其中，传导要素分为资金要素、信息要素、服务要素、其他要素（如技术和人才要素等）；主体要素分为资金需求主体、政策性资金供给主体、商业性资金供给主体和中介机构服务机构；环境要素包括政策扶持环境、法制建设环境、创新文化环境和社会信用环境。因此，针对这几类要素的特点，主要采用了 5 级李克特量表的测度方式，以把定性的指标转化为定量指标，为甄选提供依据。在本书涉及的要素中，绝大多数都是无法直接从公开的数据资料中获取得到，所以在按照李克特量表的构建方法，形成了研究所需要的调查问卷。因此，保证调查问卷的信度和效度成为数据有效性的重要前提，研究采纳了 Churchill（1979）、Dunn（1994）、韦影（2005）等国内外学者的相关研究。具体来看整个设计过程分为以下三个阶段。

1. 文献梳理

云融资模式还处于研究的早期阶段，其系统研究还没有涉及，但是相关学者在研究过程中，部分涉及了有关影响云融资的因素，这些都为本书的问卷构建提供了重要基础。基于此，在研究过程中，对有关的文献进行系统的梳理，据此设定了相关的测量指标和题项。

2. 半结构化访谈

实际上，云融资是基于互联网时代逐渐演变而来的一种新生事物，有关的文献还不够系统全面。因此，在分析云融资创新模式构成要素的过程中，采用探索式因子分析研究就显得非常有必要了。通过对有关云融资的文献进行分类整理，选取了30家企业作为访谈对象。依据事前拟定的访谈提纲，对有关云创新模式的因素展开了1小时左右的半结构式访谈。作为一种新型的融资模式，考虑到实际情况，主要是访谈企业负责人和财务负责人。根据访谈的结果，进一步对本书研究中的相关问题进行了修正和优化。

3. 专家意见征集

在前述两阶段的基础上，设计完成了初步的调查问卷。然后，针对这些内容在学术团队中进行了讨论，根据讨论意见进一步对问卷进行了优化。在此基础上，组织实施预调研。进而根据预调研结果进行信度、效度分析，形成了最终的问卷。

4.2.2 样本选择与数据收集

1. 样本选择

本书所使用的样本企业选取标准为：成立时间在3年以上，科技人员占比在30%以上的中小规模企业。主要基于以下几方面考虑：首先，可行性，在考虑实际研究需要的基础上，根据可行性和便利性，选择位于山东省内的企业作为基础样本；其次，我国中小企业平均生命周期在3年左右，所以考虑到企业存续性选取成立时间3年以上；最后，科技型企业一般科技型人员的占比在30%以上，所以选择了科技人员占比这一标准，同时考虑研发强度这一指标作为补充。在行业分布上，选取了涉及生物、医药、机械制造、节能环保和IT等行业。

2. 数据收集

本书的数据收集主要通过被调研企业的负责人或财务总监等填写，包括访谈、预调研和正式调研等。共发放问卷 500 份，回收 268 份，经筛选后有效问卷 181 份。回收的问卷中剔除无效问卷共 87 份，其中：21 份回答不完整，存在大量的漏选；19 份选项趋于雷同；37 份填写有明显的错误；10 份所在企业规模不符合中小企业标准。一般情况下，社会科学研究调研的问卷回收率达到 20% 即为可接受水平。具体来看，数据收集过程包括实地拜访、E - mail 及传真等方式，具体包括以下阶段。

第一阶段：2014 年 3 月到 2014 年 5 月，问卷设计和预调研。在对国内外相关文献整理和归纳的基础上，对泰安 10 家企业财务负责人进行了实地访谈，征求相关专家学者的建议，在此基础上形成了初始问卷。发放 60 份问卷进行预调研，回收 36 份。结合预调研结果，对问卷进行完善，进而形成实际调研用的问卷。

第二阶段：2014 年 7 月到 2014 年 9 月，实地拜访和大规模调研。主要通过三种方式：一是亲自拜访受访者，并指导完成问卷填写；二是通过向 MBA 学员发放问卷，在指导下完成后将问卷现场收回；三是通过 E - mail 方式发放问卷。

4.2.3　研究方法选择

根据实际的研究过程设计，采用了包括因子分析、模糊评价等方法在内的实证研究，以满足研究的需要。

1. 因子分析方法

在本书的要素分析部分，由于涉及了多种不同的变量，且部分变量均为相对抽象的描述。同时，不同的变量使用了数量相对较多的观测指标，从而采用因子分析方法进行了必要的数据处理。

2. 隶属度分析

本书在探讨科技型中小企业云融资系统的构成要素时，选择了隶属度分析方法，为要素体系的构建提供实践依据。

3. 层次分析方法

前述有关科技型中小企业云融资模式的构成要素分析表明，要素具有多准则、多层次的基本特性。因此，采用层次分析法对不同要素在科技型中小企业云融资模式中的相对重要程度进行了分析处理。

4.3 要素甄别过程

要素甄别过程分为三个阶段，第一阶段是关于问卷的信度和效度分析；第二阶段是要素构成甄选；第三阶段是要素重要性分析，以说明不同要素在科技型中小企业云融资模式中的相对重要性。

4.3.1 信度与效度分析

1. 信度检验

信度检验即通常所说的可靠性检验，一般可通过检验测量工具的内部一致性（Internal Consistency）来实现（韩倩倩，2010）①。在 Likert 量表中，常用的内部一致性信度检验指标是 Cronbach's Alpha 系数，该系数已被证实是检验多维度量表可靠性的有效指标②。一般情况下，Cronbach's Alpha 系数越大，量

① 韩倩倩. 基于合作网络的企业集团预算管理系统研究［D］. 济南：山东大学，2010.

② J. P Peter. *Reliability: A Review of Psychometric Basics and Recent Marketing Practices* [J]. *Journal of Marketing Research*, 1979, 16 (1): 6–17.

表的可靠性越高。社会科学研究中，Cronbach's Alpha 系数要求不小于 0.6。本书所涉及的科技型中小企业云融资模式中要素的信度分析结果显示，所有的 Cronbach's Alpha 系数均在 0.6 以上，说明问卷均具有较高的内部一致性。因此，本次调研数据具有较高的信度。

2. 效度检验

效度检验包括：内容效度、效标关联效度和结构效度。内容效度主要是考虑问卷所研究的主题范围程度。本书使用的问卷主要通过文献研究和访谈形成，且在完成问卷初稿后，进行了专家意见征集和预调研，一定程度上保证问卷内容效度达到既定的要求。效标关联效度主要是反映测量指标形成的结果对样本的辨识度。预调研结果表明，测量结果与企业实际情况吻合程度较高，效标关联效度得以保证。根据何晓群（2002）① 的研究，多元统计中的因子分析可以检验结构效度。Kelinger（1986）建议在同一变量层面中，因子负荷值大于 0.5，表示收敛效度越高，每一个项目只能在其所属的构面中，出现一个大于 0.5 以上的因子负荷值，符合这个条件的项目越多，则量表的结构效度越高（韩倩倩，2010）。因此，本书采用因子分析方法对结构效度进行检验。

4.3.2　要素构成甄选

经过理论遴选得到的评价指标集中体现了研究者的意见，但其科学性、有效性和合理性尚需要进一步检验，主要原因在于：指标数量偏多、指标的鉴别力、指标间的相关、研究人员的主观因素等问题。

1. 评价指标专家筛选

专家筛选是指把理论模型中的评价指标设计为问卷咨询表，请专家根据自己的知识和经验进行判断与选择。专家的选择虽然具有主观性，但它们是专家

① 何晓群. 多元统计分析［M］. 北京：中国人民大学出版社，2004.

本人知识、经验的反映，集成多数专家的意见，可以化主观为客观（范柏乃等，2002）①。为此，邀请了50名中小企业融资方面的专家，这些专家既包括有丰富理论背景和学术研究成果的教授与学者，也包括拥有多年在企业工作实践的管理人员。

根据讨论结果，对第一轮理论评选出来的指标（X^1）进行相关调整：科技型中小企业云融资模式是由多类主体参与形成的融资体系，不同主体扮演不同的角色，从而主体要素修正为资金需求主体、政策性资金供给主体、商业资金供给主体和中介服务机构主体；同时，在不同主体之间交换的则为资金、信息、服务，平台要素则被剔除。通过上述调整得到了科技型中小企业云融资模式的第二轮评价指标体系（X^2）。

2. 隶属度分析

本次正式调研过程，共发放问卷500份，回收268份，回收率53.6%。其中，有效问卷181份，占问卷总数量的36.2%。以回收的有效调查问卷为基础，对评价指标进行隶属度分析，假设在第 i 个评价指标 X_i 上，专家选择的总次数为 Q_i，即总共有 Q_i 位专家认为 X_i 是测度科技型中小企业融资模式的重要评价指标，那么该评价指标的隶属度为

$$X_i = \frac{Q_i}{181} \tag{4-1}$$

若 Q_i 值很大，表明该评价指标 X_i 在评价体系中很重要，可以保留下来作为正式评价指标；反之，该评价指标则应予以删除。通过对调查问卷的统计分析，得到所有评价指标的隶属度。根据张玉明等（2012）② 的研究，应当剔除那些在1%的显著水平上，隶属度小于临界值 Q 的指标，其中 Q 的计算公式为

$$Q = u + \frac{S}{\sqrt{n}^{t_{0.01}}} \tag{4-2}$$

---

① 范柏乃，单世涛，陆长生．城市技术创新能力评价指标筛选方法研究［J］．科学学研究，2002（12）：663-668.

② 张玉明，段升森．中小企业成长能力评价体系研究［J］．科研管理，2012（7）：98-105.

删除这些隶属度小于临界值 Q 评价指标后，得到了科技型中小企业云融资模式的第三轮评价结果（X^3）。

3. 评价指标的相关性分析

在前述评价指标中，各项指标可能还会存在一定的相关性，从而导致被评价对象信息的重复使用，降低评价结果的合理性。通过相关性分析，删除那些相关系数较大的评价指标，以剔除信息重复对评价结果的潜在影响。

为此，将第三轮评价指标体系（X^3）制成调查问卷，再次进行专家问卷调查，共发放问卷300份，回收调查问卷165份，对回收问卷按一定标准进行筛选后，得到有效调查问卷121份，约占总问卷份数的40.3%。运用统计软件SPSS（Statistical Product and Service Solutions，统计产品与服务解决方案）对评价指标进行相关分析，得到相关系数矩阵，删除在显著水平等于1%条件下具有高度相关性的指标，删除原则为：删除评价指标时本着各模块所涵盖指标数相对均衡的基本原则，即优先选择删除指标数量较多的模块中的对应指标。根据具体的数据及客观实际，将法律环境删除，同时把政策扶持环境修订为政策法制环境。

余下的第三轮评价指标体系（X^3）的评价指标构成了科技型中小企业云融资的第四轮评价指标（X^4），也是经实证甄别得到的科技型中小企业云融资模式的要素体系，该评价指标体系由目标层、一级指标、二级指标三个层面组成的要素体系。

表4-2　科技型中小企业云融资模式的要素体系

目标层	一级指标	二级指标
云融资要素	主体要素	资金需求主体 政策性资金供给主体 商业资金供给主体 服务中介机构主体

续表

目标层	一级指标	二级指标
云融资要素	传导要素	资金要素 信息要素 服务要素
	环境要素	政策法制环境 文化创新环境 社会信用环境

4.3.3 要素重要性分析

在对不同要素的权重分析过程中，根据要素体系的构建实际的需要，采用层次分析法来确定其权重系数。其中，对于要素层的权重评判采用了专家法。通过选择熟悉本书所研究领域的学者、企业人士进行独立评分，计算得到权重值。

对涉及要素的操作化变量采用了主成分方法赋权，进而依据 AHP 方法确定主成分层的各因素重要性排序。主成分分析方法赋权步骤：第一，计算方差值式（4－3）；第二，归一化得到权重（4－4）。

$$\sigma_j = \sum_{i=1}^{n} \lambda_i e_{ij}^2 \text{，} (j=1, 2, \cdots, m) \tag{4-3}$$

式4－3中，公因子方差 σ_j 既反映了各原始指标对选出的 n 个主成分所起的作用，又反映了各原始指标在评价指标体系中的重要程度。将 σ_j 分别归一化得到各级指标的权重，主成分的权重计算见公式（4－4）。

$$\alpha_i = \frac{\sum_{j=1}^{n} \sigma_j}{\sum_{j=1}^{m} \sigma_j} \text{，} (i=1, 2, \cdots, n; j=1, 2, \cdots, m) \tag{4-4}$$

式4－4中，α_i 表示第 i 个主成分的权重，n 表示第 i 个主成分所含测量项目的个数，m 表示所有测量项目的个数。鉴于选择层次分析方法作为基本的权重计算方法，本书并没有直接运用式（4－4）计算主成分权重，而是以式（4－3）

得到的数值作为各主成分的重要性评价得分，据此构建判断矩阵，得出主成分层各因素权重，具体参见表 4 -3 所示的结果。

表 4 -3　　　　要素层权重结果

	主体要素	传导要素	环境要素	权重
主体要素	1	7/5	9/4	0. 465
传导要素	5/6	1	6/4	0. 324
环境要素	4/9	4/6	1	0. 211

注：$\lambda_{max}=3.001$；$CI=0.004$；$CR=0.003<0.100$。

通过主观赋权方法得到的指标层的权重以及主成分方法得到的主成分的权重，依据层次分析法的基本原理，最终得到科技型中小企业云融资模式体系中各组成因素的权重及排序结果，如表 4 -4 所示。从主体要素、传导要素和环境要素的相对重要性排序中，主体要素在科技型中小企业云融资体系中的重要性程度最高，其次为传导要素、环境要素。尽管主体要素在企业发展中非常重要，但其他要素的作用也不容忽视，任何一个要素缺失都可能科技型中小企业融资产生重要影响。从指标层的权重来看，分列前五位的因素分别为政策性资金供给主体、资金要素、商业性资金供给主体、信息要素和资金需求主体。

表 4 -4　　　　指标层的权重分析结果

	主体要素	传导要素	环境要素	权重值
	0. 465	0. 324	0. 211	
政策性资金供给主体	0. 355			0. 165
商业性资金供给主体	0. 245			0. 114
资金需求主体	0. 209			0. 097
中介服务机构主体	0. 191			0. 089
资金要素		0. 448		0. 145
信息要素		0. 304		0. 098

续表

	主体要素	传导要素	环境要素	权重值
服务要素		0.248		0.080
政策法制环境			0.454	0.096
文化创新环境			0.3	0.063
社会信用环境			0.246	0.052

注：一致性比率值小于0.100。

第 5 章

科技型中小企业云融资模式运行机制分析

“机制”是指事物之间的关系或联系方式。整个科技型中小企业云融资创新系统中，运行机制是云融资主体、创新要素以及创新环境之间相互作用与相互影响的表现形式，反映了各个主体、环境与各种要素之间相互结合的方式。科技型中小企业云融资模式更加强调多主体参与，注重参与主体的民主化、动态化，与此相对应，云融资模式与传统模式在运行机制上存有显著差异。因此，深入解析云融资运行机制在保障云融资模式的实施等方面变得十分关键，微观学习机制、动力运行机制、利益导向机制、组织协调机制、信用合作机制、风险分担机制以及互动选择机制等是科技型中小企业云融资模式的主要运行机制。

5.1 微观学习机制

科技型中小企业云融资是由多主体和多要素共同参与的一项资金融通的创新活动，并与周围复杂的金融生态等环境息息相关，因此科技型中小企业云融资是一个复杂的适应系统。在这个复杂适应系统中，科技型中小企业、个人、银行、风险投资人、服务中介机构等主体都被视为微观个体。微观机制是约翰·霍兰所归纳出来的复杂适应系统所特有的机制，它包括标示、内部模型和积木机制（如图5-1所示）。标示是为了聚集和边界生成而普遍存在的一个机制，它能够促进选择性相互作用；内部模型代表预知的机制；内部积木机制认为较高层次的规律是从低层次积木的规律推导出来①。在科技型中小企业云融资创新系统中，不同的科技型中小企业由于业务相关或者共同的愿景而组成企业战略伙伴关系，为了顺利得到银行等金融机构的贷款互相担保助推他们的发展，或者在资金上互相通融共渡难关；银行等金融机构之间的激烈竞争以及批次少而带来的规模不经济性促使他们同企业建立长期的合作关系，同时企业也愿意同银行机构长期合作而降低相应的交易成本；科技型中小企业在成长期，资金需求量大，当一家资金供给方不能满足其需求时，资金提供方可能组成贷款联盟共同向企业提供资金，既满足企业的需求，也由于共担风险从而使风险程度降低。不同企业战略伙伴关系、银企合作、贷款联盟是标示，它们是不同的主体按照融通资金的目标而自发地组织起来的。创新主体都有预知的机制和能力，能够根据经验、环境的变化而作出判断并进行下一步的行动。云融资系统中的资金、设备等硬要素和技术、知识、人才、机制、流程等软要素可以被认为是“积木”，积木的不同组合进一步形成不同的内部模型。云融资创新系统主体的微观机制体现的是创新主体、要素以及与环境之间的联系，这种联系依赖于主体之间的反馈、学习机制。创新主体具有学习新知识的欲望和提升自身能力或价值的愿景，这种诉求使微观主体主动地与其他主体、环境、要素进行互动和交流学习。在互联网经济时代，知识更新的速度更快、环境更加复杂化，云融资系统中的主体唯有积极主动地向其他主体学习，快速地作出反馈并适应环境，而且微观主体的主动适应和学习的方式保障了自身的健康发展及云融资活动的顺利运转。

① 丁堃．作为复杂适应系统的绿色创新系统的特征和机制［J］．科技管理研究，2008（2）：1-3.

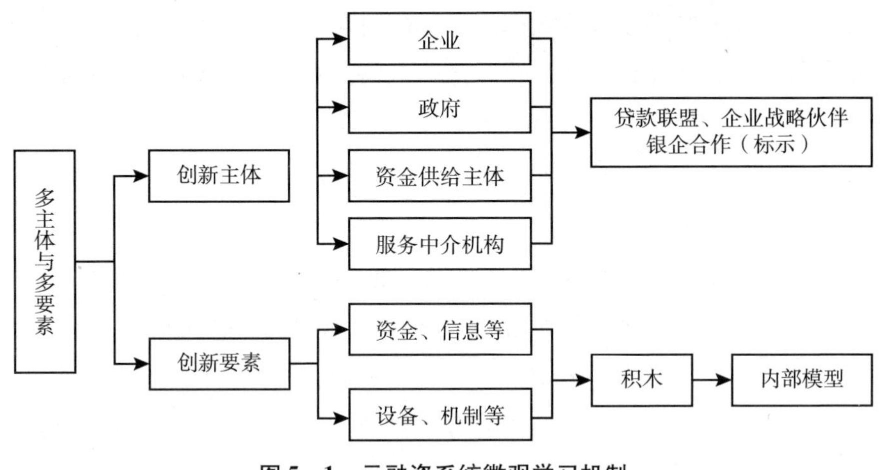

图 5－1　云融资系统微观学习机制

5.2　动力运行机制

科技型中小企业云融资的参与主体既有政府等非营利组织，也有企业、金融机构等营利组织，既有正式金融机构，也有民间资金组织，还有来自云端的个人，但不管哪种类型的组织都有发展要求，就其动力而言会因组织性质不同而存在差异。

1. 企业参与云融资的动力

对于资金需求主体——科技型中小企业来讲，企业作为营利性组织，追求盈利是其基本目标。面对激烈的市场竞争，不断开展创新成为企业生存与发展并最终获取经济收益的重要途径。科技型中小企业参与云融资的动力来自以下两个方面。

（1）经济全球化带来的竞争挑战。在全球化时代，任何企业均将直接面对来自全球的竞争对手，市场竞争的激烈程度空前提高，在产品质量、市场营销策略差异不大的情况下，低成本、规模化是科技型中小企业的最佳选择。对于中小企业来讲，资金成本已经是其产品完全成本的重要组成部分，再者，消费者需求多变使科技型中小企业的产品生命周期短、更新换代快，企业只有及时、足额筹到资金才能使新产品快速推向市场，取得竞争优势。云融资模式使企业获得具有低成本、高效率的融资是科技型中小企业参与云融资的外源动力。

（2）企业追求利益最大化的目标。根据企业发展的不同阶段实时地取得“低成本、高效率”的资金是持续健康发展的竞争优势，尤其是科技型中小企业具有“高风险、高失败率”的先天不足，在种子期、初创期融资压力更大，很多科技型中小企业因为资金筹措不足而中途夭折。云融资服务平台在全球范围内整合资金、信息等资源，一定程度上满足企业的需求。追求利益最大化、持续健康发展的目标是科技型中小企业参与云融资的内源动力。

2. 政府参与云融资的动力

对任何国家或社会而言，政府的地位与作用都不容忽视，其行为对社会的各个领域与阶层产生重要影响，政府也因此时刻受到社会大众的广泛关注。政府参与融资的动力基于以下几点。

（1）近年来，国家金融机构对企业发展、经济增长起到了关键作用，但也暴露出银行较多地支持大企业、垄断、息差大等让社会大众难以接受的弊端，这对政府金融服务改革和创新形成了倒逼机制；另一方面，社会上部分闲散的资金找不到更多合法的理财渠道导致高利贷现象的发生。政府参与云融资创新，制定合适的金融政策法规有利于打破银行等金融机构的垄断，高效地利用社会资金。

（2）对于政府来讲，融资瓶颈的解决能够促进当地科技型中小企业的发展壮大，一方面，它们的发展能够给国家、当地政府带来客观的财政收入，助推政府实现服务社会的目的；另一方面，科技型中小企业的良性健康发展对当地经济结构调整、劳动就业、产业升级改造、低碳文明发展起着关键作用。因此，政府有非常强的动力来参与云融资。

（3）政府为了鼓励中小企业创新、支持其发展设有专向的扶持资金，但这部分资金有可能“暗箱操作”，透明度不高，造成不公平现象，政府参与云融资活动，相关信息在云融资平台上共享，接受大众和企业的监督，提高了政府的公信力。同时，透明化的运作能够对其他资金的提供起到导向作用。

3. 商业资金供给主体参与云融资的动力

商业资金供给主体为了自身利益最大化，在向需求主体提供资金的同时力求收益大而承受的风险小。云融资是互联网平台商业模式，平台利用社交网络、搜索引擎等使资金需求者碎片化的信息得到整合而完整化，云计算技术又能实时、高效地挖掘处理这些海量的信息，从而使企业与资金供给主体之间的信息对称、透明化，化解了一定的风险；与此同时，众多的主体参与云融资使风险程度得到降低，因此，上述云融资的优势激励着商业资金供给主体参与云融资。另外，不同性质的商业资金供给主体还有自身特殊的动力参与云融资。

（1）传统金融机构扩大了信贷的对象和范围，信息的共享使传统金融机构更好地动态监测信贷风险，减少不良贷款的发生。

（2）由于云融资模式的民主性和开放性，社会上庞大的民间资本有了合法的出口，并得到可观的财富收益。

（3）获取经济效益是市场经济环境下各类创新活动主体参与的目的。个人参与云融资，能够提高财富收入，同时体验了参与科技创新、助推社会进步的成就感。

4. 中介服务机构参与云融资的动力

对中介服务机构来讲，云融资的“共享、低成本、高效率”使它们的运作成本降低，专业业务能力得到发挥。同时，科技型中小企业云融资的中介服务机构由于服务的性质不同，参与云融资的动力不同。

（1）当前中小企业整体违约率高，没有统一的、有公信力的中小企业评估体系来规范、记录和监督中小企业的财务状况和自信能力，企业资信信息获取较难①。信用评级机构参与云融资能够挖掘、共享科技型中小企业实际财务

① 王振宇．我国中小企业融现状与前景［J］．经济视角，2006（4）：48－50.

状况和发展前景等重要信息，从而能建立动态的企业信用信息系统，准确地确定企业的信用等级。

（2）信用担保机构参与云融资能够共享企业的发展动态信息，及时掌握企业的运行状态，降低自身面临的风险程度。

（3）知识产权评估机构以及会计、法律事务参与融资的动力来自于通过平台信息的共享能够极大地提高他们所出报告的准确性、及时性。

（4）平台服务机构是云融资的组织者，协调者，在取得一定收入的前提下，达到帮助政府服务企业，服务社会的目的。

5.3　利益导向机制

市场经济环境下，各类市场主体均以某种利益目标作为行为导向。由于各主体间的类型与性质具有较大不同，其所追求的利益目标也各不相同，例如，企业作为营利性组织，获取经济利益是其最终的目标；政府作为服务主体，其最终的目标是增加就业、调整产业结构以及社会和谐发展。因此，在云融资的运作机制中，利益导向机制是一项非常重要的内容。云融资利益导向机制是指影响云融资活动参与者利益实现的各方面因素，如利益实现的基础以及利益多元化等。

1. 云融资参与主体利益实现基础

风险与收益是任何经济活动均具有的，彼此之间存在着本质联系的两重属性。风险是未来收益的不确定性，收益则是对承担当期风险的补偿。预期获得未来收益是活动主体承担风险的动力基础，而承担风险则是实现未来收益的前提条件，风险与收益彼此相连不可分割，获取云融资活动的高额收益是创新主体的动力基础[①]。作为一种新型的融资服务创新模式，云融资活动具有与传统

① 张玉明．云创新理论与应用［M］．北京：经济科学出版社，2013．

创新活动不同的多方面特征，能够在多个方面取得高额收益。云融资参与主体的利益实现基础即是指创新活动所能够产生的经济以及其他收益。如果云融资创新活动自身不能产生收益，各参与主体自然难以获取其所追求的利益目标。

科技型中小企业云融资模式是一个互联网平台商业模式，平台商业模式具有“网络外部性”或“网络效应”的特点，它的理论基础是指当就某种产品或服务使用者越来越多时，每一位用户所得到的消费价值都会成跳跃式增加①。即时通信工具 QQ、微博、第三方支付、淘宝等都是捕捉到了网络效应。在云融资模式平台上有众多的企业、金融机构、民间借贷组织、个人以及服务中介机构参与资金的融通、整合，形成了网络效应，产生了更多的价值和利益。通过对科技型中小企业云融资的概念分析，云融资活动具有低成本、高效率与收益多元等特征。在云融资活动中，企业获得低成本的资金从而使产品具有成本优势，才能在激烈的市场竞争中立于不败之地；资金供给主体由于信息共享化解了与企业之间的信息不对称程度使信贷风险程度降低，交易成本低从而使他们有更好的收益。云融资的高效率特征主要体现在创新的时间效率上。现阶段，技术与产品的生命周期已极度缩短，创新的速度对创新收益有极大的影响。云融资在时间方面的高效率特征决定了企业能够及时获得资金，更为快速地推出创新技术与产品，进而获取高额经济回报。资金供给主体也能从高效率的资金提供中得到规模经济收益，中介服务机构也会得到较好的绩效收益。从云融资的低成本与高效率两方面的特征来看，相比传统融资活动，其能够产生更高的经济收益。在带来高额的经济收益的同时，云融资活动收益多元化的特征决定了其同样能够产生经济收益之外的多方面收益，如声誉收益和产品服务收益等。云融资活动高额的经济收益以及多个方面其他收益是参与主体利益实现的基础。

2. 云融资参与主体的多元收益

科技型中小企业云融资对于组织或个人而言，不仅具有显著而直接的商业

---

① 陈伟如，余卓轩．平台战略［M］．北京：中信出版社，2013.

回报，产生绩效收益，也存在一些潜在的可转化的间接收益，如产品创新、社会进步、声誉、知识等方面收益，如图 5－2 所示，这些收益对云融资而言甚至更能体现出它的价值所在。可以说，直接与间接两个维度的多元化收益特征相得益彰，共同影响和推进云融资活动的开展。

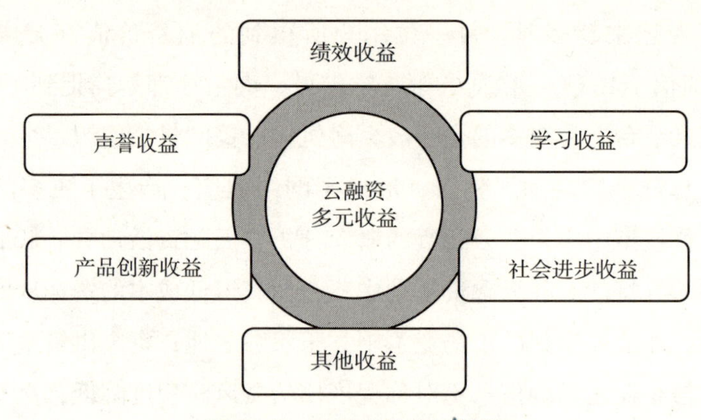

图 5－2　云融资的多元收益

（1）绩效收益。企业能够在云融资创新模式中实时地获得“低成本、高效率”的资金，取得较好的销售收入和利润；企业的发展壮大能够为当地政府带来较好的财政收入；资金提供主体能够得到与它们承担的风险程度相匹配的收益；中介服务机构能够在这些一系列活动中取得维持活动的费用和一定的利润。

（2）学习收益。云融资平台由于丰富的服务内容，能够实现极为丰富的、半结构化的、基于社区的学习体验。无论是群智设计，信息共享，参与、交流、互动本身就是一个锻炼与学习的过程。同时，云融资平台中为解决某一难题所形成的虚拟团队和团队作业分配，组织协调，则更是一般书本知识所不能提供的全新的研发实践体验。团队能够通过知识共享、传播、升华，进一步提升创新能力。

（3）声誉收益。开放式的云融资平台能够使众多参与主体在实现创新者自我价值和创造社会价值的同时，也为组织和个人在更广范围内获得自身声誉这一巨大的无形资产提供了机会。基于互联网平台的信息共享、透明化操作一定程度上避免了政府和银行等金融机构的“暗箱”操作，提高了政府的公信力。银行等正规金融机构因扶持中小企业收到了社会声誉。

（4）产品创新收益。以互联网为基础的新经济提供了公平竞争的新起点，科技型中小企业通过云融资平台获得资金加大科技创新力度，开发出消费者满意的新产品；资金供给主体在与企业、服务中介机构的交流、互动过程中，对产品或服务进行创新，获得收益的同时满足了社会的需求。云融资服务平台的参与主体在这些收益的激励下必将向更高阶段发展。

（5）社会进步收益。人类社会发展进程中的每一次变革和飞跃都离不开创新，科技型中小企业是一个国家或社会的主要创新力量，他们的持续健康发展决定了社会进步的速度。云融资活动使科技型中小企业及时获得健康发展所需的足够资金，从而能够对社会进步起到推动作用。

5.4　组织协调机制

科技型中小企业云融资是由多种主体共同参与的融资创新模式，不同类型主体间相互关系的有效协调是其成功实施的基础条件，从而建立组织协调机制就显得十分必要。组织协调机制是云融资运行机制的重要组成部分，其作用主要调整规范云融资不同参与主体之间的相互关系，资金供给主体之间还存在着竞争合作的关系。作为云融资服务平台需要对这些参与主体统一整合和协调，通过共享、交流互动，发挥每个主体的最大效用，从而使融资活动顺利进行。

1. 云融资不同参与主体之间的相互关系

科技型中小企业云融资不同参与主体之间存在相互支撑、生产与消费的关系，主要有云融资服务平台与其他参与主体之间的关系，企业与资金供给主体之间的关系，企业与其他服务中介机构之间的关系。

（1）云融资服务平台与其他参与主体之间的关系（见图 5－3）。云融资服务平台与科技型中小企业、知识产权机构、会计师事务所、担保机构以及资金供给主体的信息平台相对接，接受来自这些平台的各自专业领域的信息、企业的资金需求、供给信息，它把这些海量的信息进行挖掘、筛选、标准化，是信息的消费者，其他参与主体是信息的生产者。与此同时，云融资服务平台会把标准化、有价值的信息反馈给其他参与主体，又变成有价值信息的生产者，其他参与主体成为信息的消费者。正是参与主体之间的信息的生产与消费、交流与互动、反馈与优化、共享与传播加深了它们之间的联系，促成了资金融通业务的开展。

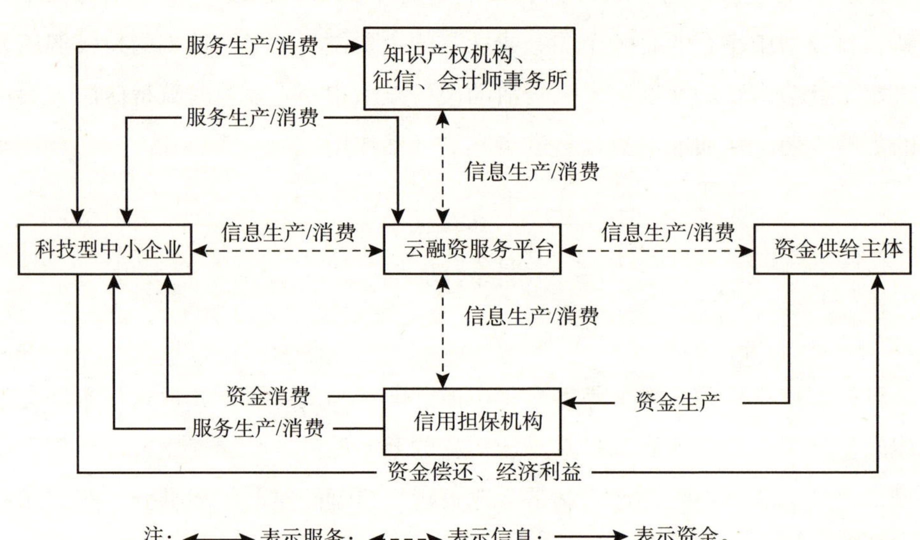

图5－3　云融资服务平台与其他参与主体之间的关系

（2）企业与资金供给主体之间的关系。企业与资金供给主体之间由于信息、资金等创新资源存在着双重属性的相互关系。首先，科技型中小企业为了企业的发展，把企业的资金需求信息、科技发展水平、企业财务状况以及前景分析等信息通过云融资服务平台提交给资金供给主体，是信息的生产者，资金供给主体通过云融资服务平台收集的信息、标准化的信息进一步提炼分析，对科技型中小企业的资金需求作出最终的判断和分析，是信息的消费者；其次，资金供给主体一旦决定向企业提供资金时，它是资金的生产者，科技型中小企业通过担保机构的担保得到资金，是资金的消费者。科技型中小企业在规定时间内向资金提供主体偿还本金和利息，资金提供主体因提供资金服务而得到经济利益补偿。

（3）企业与其他服务中介机构之间的关系。知识产权、征信评级机构、会计师事务所、担保机构在融通资金活动中各自向科技型中小企业提供各自专业的服务，它们是服务的生产者，企业是服务的消费者，同时企业为这些专业的服务提供经济报酬。

2. 资金供给主体之间的关系

资金供给主体间存在竞争与合作两种关系。它们由于风险偏好程度不同所期望的收益不同，对同一个科技型中小企业项目的融资存在着竞争关系，资金供给主体作为云融资活动资金的供给者，与传统行业生产者类似，彼此之存在对市场机会的竞争。同时由于提供的资金规模不同，在不能满足项目的需要时也可能存在着合作的关系。科技型中小企业通过云融资平台发布资金需求的信息后，拥有资金资源与能力的资金供给主体均有可能参与需求资金的投标，企业将收到很多投标方案，企业会选择资金成本较低的中标者，这样看来，资金提供主体首先是一种竞争关系。另一方面，在企业资金规模需求较大，单一资金供给主体依靠自身的资金和能力可能难以快速及时地提供资金时，资金供给主体之间会选择合作共同向企业提供资金，满足企业的需求。资金供给主体之间的合作关系一定程度上由于风险共担从而化解信贷风险。

5.5　信用合作机制

无论是政府、企业，还是金融机构、中介机构、个人之间，信用是它们之间合作的基础。在传统融资模式下，有些科技型中小企业为了获取银行贷款或政府财政扶持性资金，出示虚假的财务报表和报告，但终究没有持续性；银行等金融机构对企业的贷款申请也存在着拖延、出尔反尔的个别现象，使企业丧失对银行的信任，这些不讲诚信的现象破坏了它们之间的合作，并进一步恶化了当地的金融生态环境。即便在当前的互联网经济时代，互联网的开放性和便捷性使金融服务和产品越来越复杂，其风险由于在线上虚拟交易而聚集，这些风险主要包括资金供给主体编造虚假的资金供求信息骗取客户资金；企业不提供自身真实的财务状况和发展前景等融资能力等方面的信息，借贷双方提供虚假信息进行欺诈等。这些虚假信息欺诈行为有可能经过互联网的虚拟交易造成合成谬误①，从而影响整个互联网金融的健康发展。在科技型中小企业云融资系统中，信用合作机制是顺利开展资金融通工作的重要保障。各参与主体实事求是地提供自身的信息，诚信服务关系到云融资活动能否成功的关键因素。在云融资过程中，参与主体之间主要通过共享信息、联盟贷款、利益分配以及服务等方式实现有效合作。科技型中小企业优越的科技创新能力经过知识产权评估机构真实评估转化为被社会认可的知识产权；会计师事务所实事求是地评估来自企业提供的可靠财务信息并提供真实的财务报表；征信评估机构动态、全面地评估科技型中小企业的信用等级；资金供给主体根据这些可靠的信息以及企业的资金需求信息为企业匹配合适的资金供给方案；信用担保机构公平、公正地为企业融资担保才能化解信贷风险。这些真实可靠的信息通过云融资平台的互动交流、评估鉴定、共享优化才能使参与主体了解企业的真实情况，信息的共享使他们避免了风险，取得了收益的最大化。当企业资金需求较大时，风险资本以及金融机构等共同向科技型中小企业贷款，可以一定程度降低风险。再者，只有云融资主体有效、真诚地合作，提高云融资的运作效率，才能使各自的利益最大化。与此同时，在云融资平台上，政府扶持性资金支持的企业或项目公开、公正、透明，避免了“暗箱”操作和潜规则的使用，政府的公信力使企业、金融机构等市场主体相信政府，也会更加讲诚信，它们之间的合作也会更紧密和更高效。

---

① 刘芸，朱瑞博．互联网金融、小微企业融资与征信体系深化［J］．征信，2014（2）：31－35.

5.6 风险分担机制

根据以上分析，科技型中小企业主要有技术开发风险、产品经营风险以及财务风险，因此，资金供给主体鉴于以上风险担心资金不能顺利收回。如图5－4所示，但这些风险由于云融资活动的各参与主体之间的互动而得到了分担，主要表现在以下几个方面。

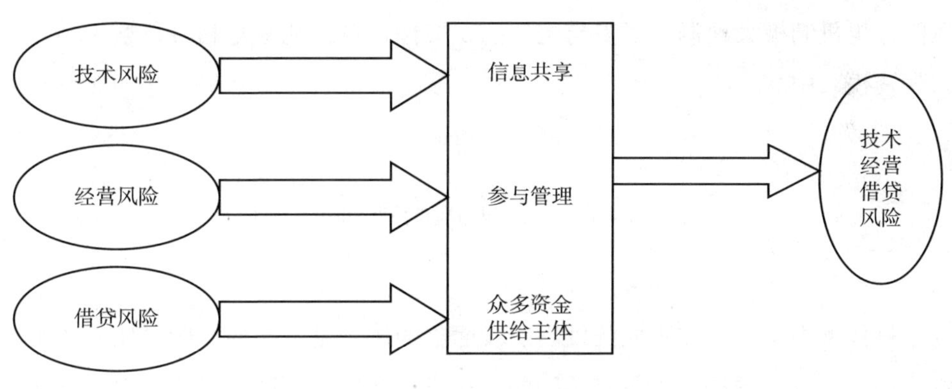

图5－4 云融资风险分担机制

1. 信息共享化解了信息不对称

云融资模式中，各参与主体之间的合作是建立在信用合作基础之上，他们真实地提供信息，实事求是地做好自身服务，参与主体对信息的挖掘、共享使他们取得更为理性的判断和抉择，采取科学的行为，从而一定程度上化解了信息不对称，降低了借贷风险。

2. 先进的管理经验

风险投资机构和众筹资金提供者在向科技型中小企业提供资金的同时，还参与创业和管理，他们先进的管理经验和专业技术建议能帮助企业进行科技创新，较快地把新产品推向市场。处于云端的个人既是科技型中小企业的资金供给者，同时还是产品的消费者，它们与企业的交流互动使企业能够开发出市场欢迎的产品和服务。

3. 多元化的资金供给主体

云融资服务平台的开放性和民主性集合了众多的资金供给主体，不仅有提供扶助基金的政府、提供商业资金的正规金融机构，还有民间借贷机构、风险投资机构以及处于云端的个人群体，众多的资金供给主体在向同一个企业提供资金时，一旦企业存在借贷风险时，风险由于多主体的参与而分散。云融资的风险分担机制极大地调动了参与主体的积极性，自愿地参与到科技型中小企业云融资模式中。

5.7 互动选择机制

科技型中小企业在不同的发展阶段面临的风险是不同的，所以他们从市场中获得资金的难易程度也是有差别的。在成长和成熟阶段的科技型中小企业相对于其创立初期的科技型中小企业更容易获得资金支持，规模较大的中型企业相比较规模较小的小型企业获得资金相对容易。实际上，外部的资金在进入科技型中小企业通常会关注规模经济、风险、收益等因素的影响，风险是第一要考虑的因素。尽管，一部分中小银行与科技型中小企业的合作积极性较高，但在资金的支持力度上仍难以满足大量企业的需要。因此，在这样的背景下，需要尽可能地形成一种风险分散与分担的机制，降低为中小规模企业提供信贷资金的风险，是吸引更多的资金供给主体进入成为云融资模式发挥效力的关键。

1. 发展初期的互动选择

根据前面的分析，科技型中小企业在种子期、创立期，即发展的初期基本没有实物资产，也没有稳定的销售，但是相对需求的金额规模也不是很多，这种情况下，正规金融机构银行鉴于控制风险的要求就没有动力向这期间的科技型中小企业提供信贷业务。科技型中小企业在此阶段融资主要考虑资金成本相对降低的企业主投资、职工集资等内源融资。另外政府性扶持资金也是它们主要考虑的资金来源渠道，扶持资金成本相对低，甚至不用偿还，但这需要严格的筛选。再者，企业可发布信息通过 P2P、众筹等方式获得资金。虽然处于云端的众多投资者每个人投资的金额少，但积少成多，况且企业本身需求的金额少。风险投资及天使投资一般都倾向于在技术前景较好的科技型中小企业的初期进行投资，企业也可考虑通过这两种方式获得资金。

2. 成长期的互动选择

科技型中小企业在成长期面临企业规模扩大、市场开拓、产品质量提高等诸多问题，这就需要投入大量资金。在此阶段，网络融资与个人投资已经无法满足其融资要求，况且这些融资模式的资金成本较高，企业就没有动力选择他们。由于企业在该阶段已经具备了专利等无形资产及相对多的实物资产，银行等正规金融机构的资金成本相对低，企业与银行之间的合作就成为必然。另外，企业如果具备先进的高新技术，产品具有广阔的市场前景，并且需要大规模的资金，可以在资本市场通过 IPO 方式直接融资。

3. 成熟期的互动选择

科技型中小企业在成熟期有非常稳定的销售收入，但这时企业仍需要投入资金进行技术改造进行升级换代，企业可通过各项相对较好财务指标向银行申请贷款，同时企业的股东已经有了一定的积累，可通过内源融资吸引股东再投资。

第 6 章

科技型中小企业云融资建模与仿真分析

前述分析表明，科技型中小企业云融资模式中，由于众多主体参与，并且彼此之间存在复杂的相互作用关系，需要建立科技型中小企业与其他参与主体之间的多层次的演化模型，在此基础上进行仿真分析，才能有效地揭示科技型中小企业云融资模式的深层次本质，使之更好地解决科技型中小企业的融资困境，促进其实现更好的发展。

6.1 云融资模式的演化分析

在对云融资模式演化内涵与效应解析的基础上，揭示科技型中小企业云融资的演化过程与层次，进而探析不同主体共同演化的互动机制，从而为科技型中小企业云融资模式仿真奠定基础。

6.1.1 云融资模式演化内涵

演化博弈论又称为进化博弈论，它是对频率制约选择的研究（Nowak，

2003)①。演化博弈论的研究基础是有限理性，主要研究个体在多阶段的重复博弈中的策略选择，以及如何实现局部稳定和解释均衡的实现（Weibull，1998)②。这在一定程度上反映出，演化博弈的参与方很难在一开始就能发现最优的策略，往往需要在多阶段的博弈中通过不断的学习与试错来发现局部均衡的最优解。当博弈的参与方实现局部均衡状态时的最优策略，通常被称之为演化稳定策略（Evolutionary Stable Strategy，ESS)，演化稳定策略由 Smith (1973)③ 提出。Smith 认为博弈过程中，如果满足条件Ⅰ和Ⅱ，演化稳定策略可能是纯策略，也可能是混合策略。

Ⅰ：对于任何策略，如果选择策略 i 的期望效用高于其他策略 j 的期望效用，则策略 i 就可称之为 ESS。

Ⅱ：如果条件Ⅰ不成立，但 $E_i(i)=E_i(j)$，且 $E_j(i)=E_j(j)$，策略 i 仍然是一个演化稳定策略。

E 表示在对称博弈中选择某策略没有选其他策略时的期望效用。条件Ⅰ说明如果策略 i 是演化稳定策略，参与方选择其他策略的期望效用水平低于演化稳定策略。条件Ⅱ表示 ESS 的期望效用高于其他策略，从而参与方要么选择 ESS，要么出局。在博弈中，当所有参与方选择 ESS 时，即实现了演化稳定均衡。演化稳定均衡状态受到由于主体有限理性引起的少量干扰后，可以通过参与方自主学习使得均衡重新恢复（Weibull，1995)④。

以上对有关演化博弈的基本描述表明，在演化博弈模型中，通常包括决策者、匹配规则、行动空间与收益函数和要素博弈（赵晗萍等，2005)⑤。由此来看，科技型中小企业的云融资模式从本质上来说，反映了科技型中小企业与

---

① Nowak, M. A., Sigmund, K. *Evolutionary Dynamics of Biological Game* [J]. *Science*, 2003, 303 (5659): 793 - 799.

② Weibull, J. *Evolution, Rationality and Equilibrium in Games* [J]. *European Economic Review*, 1998, 42 (3 - 5): 641 - 649.

③ Smith, M. *The Theory of Games and the Evolution of Animal Conflict* [J]. *Journal of Theoretical Biology*, 1974, 47 (1): 209 - 221.

④ Weibull, J. *Evolutionary Game Theory* [M]. Cambridge Mass: MIT Press, 1995.

⑤ 赵晗萍，冯允成，蒋家东．进化博弈中有限理性个体学习机制设计框架［J］．系统工程学报，2005 (9): 16 - 19.

多元化的投资主体之间的相互作用和相互影响的过程，当科技型中小企业的适应性发生变化时，不同类型的资金供给主体由于彼此之间的相互作用也会相应地作出调整并改变既定的策略。与此同时，资金供给主体的策略选择行为变化反过来又会影响到科技型中小企业。由此，将演化博弈理论引入到科技型中小企业云融资模式的分析中，必备的前提是：演化现象是发生在相互作用与相互影响的资金供求不同的群体中，群体的演化过程被主体的策略选择及环境等因素的影响驱动，从而科技型中小企业云融资模式的演化特征主要表现在以下方面。

1. 多层次

多层次的特征是指演化不仅发生在资金需求方或资金供给方内部、资金需求方之间或资金供给方之间等，同时还可能在资金需求方和资金供给方等层级之间。此外，个体之间的行为会内嵌入整个云融资过程中，使得不同层级之间的演化具有嵌套性。

2. 多向因果性

在科技型中小企业的云融资模式中，由于涉及的参与方众多，形成了复杂的相互作用关系，不同的参与者既可能与同一层级的参与者形成因果关系，也可能与不同层级的参与者之间形成因果关系。这种多方参与的多方向因果关系使得科技型中小企业云融资演化活动演化的同时，会受到群体演化的直接影响和其他群体的间接影响，形成群体间的反馈联系。

3. 正反馈机制

科技型中小企业的融资行为会对其他参与过程中的个体产生影响，进而会对整个云融资体系产生相关的影响。同时，也会受到其他科技型中小企业和外部环境的影响。因此，在整个云融资过程中，一方对另一方的作用会通过反馈机制影响自身的演化。反馈机制使得演化系统处于非均衡的状态，保持不断的更新。

4. 复杂性特征

在科技型中小企业云融资模式中，由于存在不同层次内部及之间的多种相互作用和系列的正反馈效应，使得云融资演化呈现出非线性和自组织等复杂系统所具有的特征。当已有的选择不适应环境变化时，云融资模式中的科技型中小企业会通过自组织方式加以调整以适应环境的变化，对应的则是自适应能力的增强。内部的自反馈机制使得演化系统具有更明显的复杂性和不确定性的特征。

5. 路径依赖

在演化过程中存在一定的路径依赖性，在科技型中小企业和多元化投资主体之间的互动过程中，由于正反馈机制的作用，不同类主体之间的报酬递增使得群体之间会强化这一机制，形成特定的路径锁定，并会持续相对较长的时间，直到有新的扰动因素介入。

6.1.2　云融资模式演化层次

在云融资模式中，科技型中小企业与多元化资金供给主体的演化关系表明，这是由参与到云融资模式中的多类主体之间的互动形成的，它们之间的微观演化和融资行为通过彼此之间的互动作用影响到整个云融资系统的宏观演化。与此同时，宏观演化反过来又会对云融资系统中的微观主体的学习、选择和扩散等产生作用。因此，云融资系统中的演化分为三个层次：微观层次，主要包括具有异质性的科技型中小企业、资金供给主体；中观层次则是由科技型中小企业之间、资金供给主体之间，以及他们之间的互动组成；宏观层次是科技型中小企业群体、不同资金供给主体形成的群体，以及中介服务机构等构成的云融资系统的演化。微观层面的互动促进了宏观层次的形成，宏观层次又是各类主体、政策、机制等的构成环境，不同层次之间形成了复杂的相互作用关系。

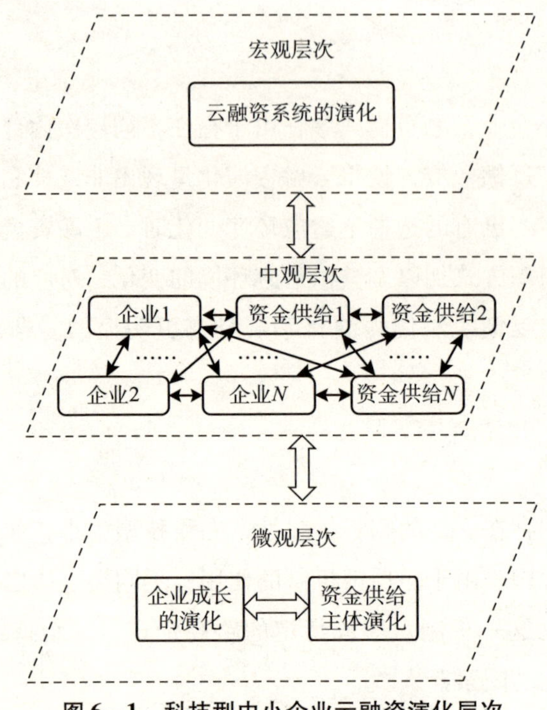

图6-1 科技型中小企业云融资演化层次

1. 微观层次的演化分析

在微观层面，行为主体是科技型中小企业、资金供给主体，资金、信息、服务等则是不同主体之间交互的资源。科技型中小企业与资金供给主体在适应变化以及环境扰动的过程中，会呈现出逐渐远离均衡状态的耗散结构。在微观层面，政策法律环境、信用发展环境等都会对科技型中小企业与资金供给主体之间的行为演化产生重要影响，形成了他们之间的涨落现象。具体来看，科技型中小企业在融资过程中，商业资金供给主体为争取到优质的企业客户资源，它们会相应地采取产品调整或信贷技术策略，这些渐进式的行为调整所引起的涨落现象要低于远离稳定状态的临界值，同时负反馈机制会逐渐消除这种扰动，使得系统继续进入到稳定状态。激进式的调整则会使得诱发的涨落现象高于系统的临界值，从而原有的融资体系继续维持稳定态。实际上，由于在云融资体系中，不同主体的异质性和多样性特征，系统容易出现耦合现象，以及相应的演化路径分叉现象。多元化的资金供给主体会根据市场需求和环境条件作出相应选择，被选择的演化策略会随着彼此之间形成的正反馈机制的作用不断地涨落，形成新的行为惯例，新的更加有序的系统随之形成。新形成的惯例的演化过程与前述之类似，当外部因素的扰动达到阈值时，系统的原有结构可能会无法适应环境的变化，从而会引发原有惯例的变化，从而使得系统会远离平衡态，在经过系统中不同要素的相互作用及非线性机制的影响形成新秩序。在微观层次的演化过程中，会出现不同形式的路径分岔现象，从而在演化策略选择方面就需要考虑多种因素的影响：系统中出现较早的路径会被主体优先选择，这是一种先占优势的体现；如果不考虑时间因素，存在自发选择和诱导选择两种机制。

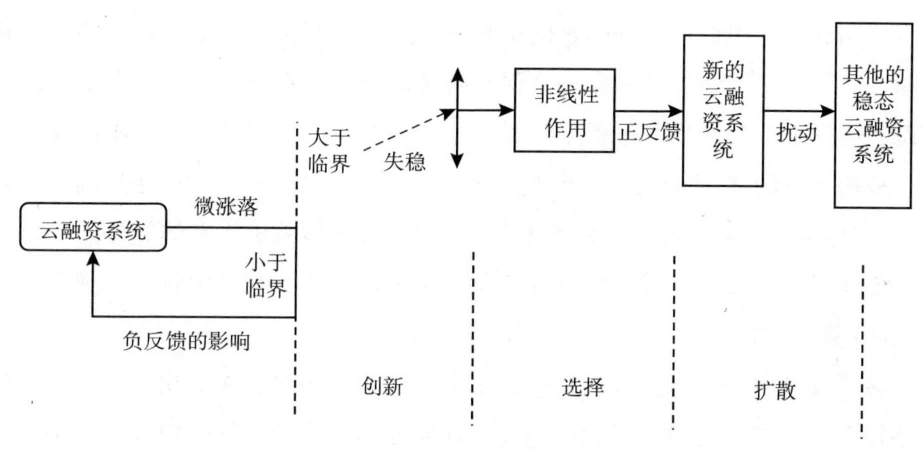

图 6－2　微观层次的演化过程描述

2. 多层次之间的演化

当科技型中小企业在资金供给主体形成的系统演化过程中的自组织达到一定程度时，微观层面的变化会引起中观层次的扰动，从而使得中观层次的个体之间的结构会发生变化。这一变动过程中，一旦扰动引起的涨落达到阈值时，会对中观层次的演化惯例产生影响，进而使得科技型中小企业与资金供给主体的演化过程和互动机制发生变动，使系统进入到失稳态。在这种情形下，新的演化路径和选择策略共存。科技型中小企业之间、资金供给主体之间的互动关系，以及他们之间的相互影响，能够适应科技型中小企业融资以及资金供给主体需求的正反馈机制的作用下会进一步得到强化，从而形成新的惯例。中观层面的科技型中小企业与资金供给主体之间的互动作用机制是推动整个信贷融资体系演化的重要动力。例如，当科技型中小企业通过与资金供给主体之间的互动把需求信息传递到融资体系中，会对宏观层面的信贷融资体系产生初始扰动，并带动群体中的其他科技型中小企业和资金供给主体偏离平衡态。当他们之间的变化超过临界值时，原有的平衡态结构会失稳，科技型中小企业群体及资金供给主体均会在互动中不断演进。在演化过程中，科技型中小企业也在不断地发展，同时资金供给主体也会结合系统的变化推出适应系统发展的产品，从而会形成多种新的路径和选择策略。与此同时，在宏观层次的政府政策法律、信用环境、担保环境等因素的影响下，选择机制会确定云融资体系的演化策略，并因为正反馈机制的作用会保持持续的演进，在更高的层面上形成新的稳态。实际上，在演进的过程中，科技型中小企业的云融资体系的不同参与主体会根据自身的知识结构，不断地进行优化，新的优化行为可能会被再次扩散，并被其他个体捕获，从而会引起整个信贷融资体系进入新的循环态，呈现出类似非线性增长的过程。以上的演化逻辑说明了从微观、中观、宏观三个层次间的耗散结构形成以及正反馈机制的影响。

在科技型中小企业融资过程中，多类主体参与的多层次演化过程，也导致了路径依赖于三个层面之间的传递。微观层面的主体选择策略构成了在中观层面的分岔现象，由于外部环境的诱导因素，在某一方面占优的策略会被选择，尤其是具有报酬递增作用的策略。同时，由于正反馈机制的强化作用，这种占优策略可能会逐渐演化成为中观层次的路径依赖。与前述分析类似，众多的中观层次的互动结构的演化路径又进一步形成了宏观层次的路径分岔现象。在外部环境等多种扰动因素的影响下，以及在主体与外部环境的共同作用下形成了融资体系的演化路径。宏观层次的演化形成，将会强化不同主体之间的作用网络，推动系统的有序运行。

6.1.3　云融资模式博弈模型构建

在前述理论分析的基础上，本部分将构建科技型中小企业云融资的演化博弈模型，以期得到在有约束条件下的科技型中小企业与资金供给方，以及相关中介之间的有限次重复博弈的演化稳定博弈策略集。在博弈模型的构建过程中，遵循了先从两类主体科技型中小企业和银行参与的仿真模型模拟开始，再逐步引入其他资金供给主体、中介机构等主体的参与共同形成的仿真模型。

1. 科技型中小企业与银行间的演化博弈模型构建

在实际的融资过程中，银行对科技型中小企业的信贷行为受到信息不对称的影响，以及企业与银行之间的动态关系。本部分在探讨科技型中小企业与银行之间的行为关系时，将博弈分为了两个不同的阶段：贷款申请阶段和贷款清偿阶段。在贷款申请阶段，科技型中小企业的策略集包括：贷款额度、贷款期限和抵押物等。实际上，由于信息不对称的影响，尤其是科技型中小企业存在一定的信息不透明性，银行往往难以判断企业所提供信息的真实性，通常需要通过一些行为来判断和采取相应的对策。在这样的背景下，受到道德风险和逆向选择的影响，银行出现“惜贷”就较为常见，即便是一些相对优质的企业在融资过程中也容易受到影响。在博弈的第二阶段，企业的策略集又增加了还贷和违约等。在对资金需求方监管约束薄弱的情况下，尤其是得不到相应的监管时，违约或从其他银行申请新的贷款可能成为资金需求方的最优选择。但对于提供信贷资金的银行而言，则可能在面临科技型中小企业违约时，不得不选择出售抵押资产或向担保人追讨，甚至也不得不面临不良贷款的增加，这种行为会被其他的企业个体模仿。

（1）科技型中小企业与银行的演化博弈模型。根据前面的分析，相比传统的中小企业，科技型中小企业的创新意愿和动机更加强烈，但同样会面对比传统企业相对更高的风险和失败概率。对于银行而言，在以资金安全性为前提的情况下，面对较高的资金风险时必然会提高贷款的进入门槛。由此，科技型中小企业融资的演化博弈模型有以下假设条件。

①银行不能准确地判断科技型中小企业（E_i）的风险程度，但可以知道创新项目的成功率（λ_i），即能得知成功时的投资收益（σ_i）和失败时的投资损失（Φ_i）。

②企业自有资金规模（C_i），通过银行融资的贷款额度（D），贷款成本为BD，贷款利率为r，贷款期限为t，资金成本率为r_0。

③当科技型中小企业投资失败发生违约，企业无抵押时的贷款收益为D'。在有抵押担保情况下，银行可获得数量为G的贷款损失补偿。

表 6-1　　演化博弈一阶段模型

策略	策略1：贷款		策略2：不贷款
	无抵押担保	有抵押担保	
策略1：违约	$\lambda_i[D(1+k_i)+C_i]-BD$ $-DR_0$	$\lambda_i[D(1+k_i)+C_i-G]-BD$ $G-DR_0$	0，0
策略2：还款	$\lambda_i\{D(k_i-R(t))+C_i\}-BD$ $\lambda_i D[1+R(t)]+DR_0$	$\lambda_i\{D(k_i-R(t))+C_i\}-BD$ $\lambda_i\{D(1+R(t))-G\}+G-DR_0$	0，0

根据上述设定，群体中的策略选择S，即科技型中小企业违约和银行贷款批准比率为p_1和q_1（均为大于0小于1的参数）。因此，根据表6-1可以得到科技型中小企业采用不同策略时的适应度函数（预期收益），以及平均适应度的值。以相类似的方式，可以得到银行在采用不同的策略时的适应度函数（预期收益），以及平均适应度的值。根据科技型中小企业和银行的适应度函数，可以得到群体的复制动态模型，即

$$\dot{P}=P_1(f_1^E-\overline{f^E})=P_1(1-P_1)Q_1\lambda_1\{D(1+R(t))-G\}$$

$$\dot{Q}=Q_1(f_1^B-\overline{f^B})=Q_1(1-Q_1)\{\lambda_1(D(1+R(t))-G)+G-DR_0-P_1\lambda_1[D(1+R(t))-G]\}$$

模型中的f表示选择策略1和策略2的适应度。根据该模型，可以得到群体的局部均衡点。在$p_1=0$，1或$q_1=0$时科技型中小企业群体中使用策略1的

企业所占比例是稳定的；在 $q_1=0$，1 或 $p_1=0$ 时银行群体中使用策略 1 的银行所占比例是稳定的。

（2）存在监管的科技型中小企业与银行的演化博弈模型。科技型中小企业采取违约行为的概率受到投资项目成功率、抵押情况等的影响。科技型中小企业普遍具有规模小、缺少抵押物、风险高等特征，在经营过程中具有较高的不确定性。由此可以看出，防范或减少科技型中小企业的违约行为，在博弈的第一阶段建立有效的监管机制是必要的，违约行为的减少，将有助于建立起更好的企业与银行的信贷关系，从而改善科技型中小企业的融资难的困境。有了监管之后，假定监管成本为 U，按期还款的个体则可能获得 H 的激励，反之则给予 $-H$ 的惩罚。由此，得到如图演化博弈的二阶段模型。

表 6－2　　演化博弈二阶段模型

策略	策略 1：有监管	策略 2：无监管
策略 1：违约	$\lambda_i[D(1+k_i)+C_i-G]-BD-H$ $G+\lambda_i H-DR_0-U$	$\lambda_i[D(1+k_i)+C_i-G]-BD$ $G-DR_0$
策略 2：还款	$\lambda_i\{D[k_i-R(t)]+C_i+2H\}-BD-H$ $\lambda_i\{D(1+R(t))-G\}+G-DR_0-U$	$\lambda_i\{D[k_i-R(t)]+C_i\}-BD$ $\lambda_i\{D[1+R(t)]-G\}+G-DR_0$

根据上述的分析，计算得到在建立监管机制的情况下，科技型中小企业群体和银行群体采用不同策略的适应度函数，并进而得到复制动态模型。

$$\dot{P}=P_1(f_1^E-\overline{f^E})=P_1(1-P_1)\lambda_1[D(1+R(t))-G-2HV_1]$$

$$\dot{V}=V_1(f_1^B-\overline{f^B})=V_1(1-V_1)(\lambda_1 HP_1-U)$$

同样，也可以得到模型的局部均衡点，这是分析模型稳定性的前提。

通过对上述两个模型的分析表明，科技型中小企业和银行群体对高收益策略的选择均具有模仿倾向，对长期演化合作中的企业违约行为具有抵御性。受到风险等级、违约概率等因素的影响，科技型中小企业在创新的早期阶段受到的融资约束程度更高，只有当科技型中小企业的投资项目的成功率达到一定程度时，信贷关系才能产生。很显然，在没有足够的外部约束下，单纯的依赖科技型中小企业的自律意识和银行的监督惩罚，博弈很难达到演化的稳定状态，一定程度上科技型中小企业的融资难题依然难以解决。

因此，针对这样的情况，一方面在不断提高和改善科技型中小企业融资的外部环境的基础上，增强其抗风险能力，加强银行对科技型中小企业发展过程中的资金支持；另一方面，需要尽可能地拓宽科技型中小企业的融资渠道，吸引多元化的投资主体进入到信贷体系中，从而形成多元化的融资体系，这也是本书构建云融资模式的重要前提。

2. 多元主体参与的云融资的演化博弈模型构建

在前述分析的基础上，本部分主要是探讨多元化的信贷融资系统，重点说明不同主体之间的作用关系，进而说明不同主体在云融资体系中的博弈关系和策略选择。

（1）云融资系统中的多元关系分析。科技型中小企业在发展过程中，需要不断地与外部环境进行物质、能量和信息的交换，以期来实现可持续的发展。如同生物体一样，科技型中小企业的行为实质上是生态作用和生态适应的结果。因此在科技型中小企业云融资系统中，包括系统的组成要素、系统的结构和系统环境等。其中，系统的组成要素是科技型中小企业云融资系统保持运转的基本构成单位，根据本书前述的分析，组成单元应当包括科技型中小企业、银行、政府、中介机构、非银行金融机构和投资个体等。系统内结构是各个不同组成主体之间的作用和联结方式，同时反映了不同单元之间的关系强度。另外，影响系统内部结构关系的因素即构成了云融资系统的外部环境。实际上，在融资过程中的影响因素是众多的，且是复杂多变的，会对系统的构成主体产生多元化的作用关系。一般情况下，外部环境主要是政策环境、金融环境和文化环境等。

在云融资系统中，不同的组成主体是系统有序运行的基础，不同主体之间通过资金信息的传递和资源的交换相互连接。系统的内部结构是云融资的关键，因为这反映了不同主体之间的交互关系和运行模式，对系统的发展和稳定性有重要的影响；外部环境则是云融资系统发展的重要外在条件，这种外在的影响可能是正向的作用，也可能是负向的作用。在云融资系统中，不同主体与环境之间发生相互作用时，也同时会有相应的收益反馈到上一级的构成单元。因此，在云融资过程中，如果科技型中小企业收到发展的信贷资金的支持，特别是一些扶持性资金的投入，有助于引起整个系统中其他投资主体的积极性，从而为这个云融资系统注入稳定发展的动力。

科技型中小企业与云融资系统中的其他主体都有追求利益最大化的动机，这也是这些主体之间的共性特征之一。同时，他们又共处于一个统一的金融生态环境体系中。因此，在云融资系统中，不同的主体之间都有一定的学习能力，都有动力寻求那些有助于自身利益最大化的策略，并能够主动根据外界环境的变化来调整策略，从而形成整个系统稳定运行的稳定策略。与此同时，国家或地方的相关政策调控，在一定程度上可改变参与主体之间的行为，有助于实现系统利益最大化，信用担保等中介结构在科技型中小企业的云融资系统中发挥着有效信息传递的中介作用，一定程度上有助于降低信息不对称程度，进而推动整个云融资系统能够达到演化稳定的均衡态。

（2）多元主体参与的云融资系统博弈模型分析。在科技型中小企业云融资系统中，政府扮演着政策制定者和监管者的角色，对整个系统的运行具有十分重要的影响。科技型中小企业存在较高的不确定性，他们在融资的过程中，不同的投资主体往往考虑到资金的安全性等因素，不愿意将资金投放给科技型中小企业。在云融资模式中，主要是通过参与主体的多元化来分散和释放风险，以期达到缓解科技型中小企业融资难的困境。尽管在云融资模式中，风险可以被分散，但是资金供给方依然会考虑到风险的影响。因此，在这样的情况下，需要政府发挥其引导性作用，一方面通过不同的财税等相关政策支持，引导银行等机构为科技型中小企业提供更多的信贷资金；另一方面，通过政策性扶持资金的投放，吸引更多投资主体的资金进入到云融资系统中，增加市场的资金供给总量。因此，在政府不提供扶持性资金时，可以获得的收益水平为 J。当政府为科技型中小企业发展提供系列的扶持性资金时，必然会激发企业的积极性，同时也会吸引更多的外部资金进入，从而有助于科技型中小企业获得发展过程中所需要的资金，促使创新成功的概率大大增加，从而政府也将会获得额外的回报ρ。

云融资系统作为开放的融资平台，信用担保机构等中介主体也是必不可少的构成部分。通常情况下，在云融资平台中需要第三方担保机构的担保。担保机构在科技型中小企业通过云融资平台出现违约时履行代偿义务。因此，在这个过程中，担保等一类的中介机构能否与平台方建立起稳定的合作关系，一定程度上直接决定了科技型中小企业能否从融资平台上获得必要的资金支持。由于在云融资系统中有政府的参与，科技型中小企业的信贷融资环境得到了较好的改善，投资的风险相对降低。同时，政府的支持将会使得科技型中小企业的违约率下降，这必将会吸引更多的资金供给主体加入。从而在前述的模型 1 的基础上，考虑到政府、中介、平台等主体的参与，构建演化博弈模型 3，得到科技型中小企业违约和不违约的适应度函数为

$$f_1^E = Q_1\{\lambda_i[D(1+\kappa_i)+C_i-G-F]-BD-DIR_{DB}\}$$

$$f_2^E = Q_1\{\lambda_i[D(\kappa_i-R(t))+C_i+F]-BD-DIR_{DB}\}$$

根据云融资系统中各主体的期望收益，可以得到演化博弈模型 3 的复制动态模型，即

$$\dot{P} = P_1(f_1^E-\overline{f^E}) = P_1(1-P_1)Q_1\lambda_1[D(1+R(t))-G-2F]$$

$$\dot{Q} = Q_1(f_1^B-\overline{f^B}) = Q_1(1-Q_1)\{G+DIR_{DC}+F_B-DR_0+\lambda_i(1-P_1)[D(1+R(t))-G-DIR_{DC}-F_B]\}$$

根据上述模型的分析，可知政府政策的支持对云融资系统达到演化的稳定态具有十分重要的作用。当政策的作用增强时，科技型中小企业所面临的金融生态环境将会有较为明显的改善，有助于科技型中小企业获得外部的资金支持，从而企业成功的概率增强，使得其如期还款的概率大大提高，促进演化进入稳定态。

进一步考虑到贷款偿还阶段，即在前述的模型 2 的基础上，构建模型 4。得到科技型中小企业违约和不违约的适应度函数为

$$f_1^E = \lambda_i[D(1+\kappa_i)+C_i-G-F]-BD-DIR_{DB}-V_1H$$

$$f_2^E = \lambda_i[D(\kappa_i-R(t))+C_i+F]-BD-DIR_{DB}+V_1(2\lambda_iH-H)$$

进一步计算得到模型 4 的复制动态模型，即

$$\dot{P} = P_1(f_1^E - \overline{f^E}) = P_1(1 - P_1)\{\lambda_i[D(1 + R(t)) - G - 2F] - 2\lambda_1 V_1 H\}$$

$$\dot{V} = V_1(f_1^B - \overline{f^B}) = V_1(1 - V_1)(DIR_{DC} + F_B)(1 - \lambda_1 + \lambda_1 P_1)$$

在有政府较高力度的政策扶持情形下，资金供给方实施相对严格的奖惩机制或平台方的奖惩机制的实施，使科技型中小企业选择如期还款的演化稳定策略。在这样的情况下，担保等一类的中介机构的作用则不明显。因此，在本章分析的基础上，本书将利用多主体建模的方法模拟不同主体作用下的科技型中小企业的云融资系统。

6.2　云融资模式仿真模型设计

科技型中小企业成长过程是复杂多变的，具有相对较为明显的阶段性，在它的不同发展阶段面临不同的问题。云融资模式作为一种更加开放的融资模式，参与方是多元的，参与类型是多样化的，彼此之间存在显著的相互作用与影响。同时，云融资系统的运行必须依赖一定的环境，如政策法律环境、信用环境、担保环境等，所以建模时的环境因素也是整体系统中不可或缺的部分。具体的模型设计过程分析如下所述。

6.2.1　基本问题描述

如图 6－3 所示，科技型中小企业云融资模式在云融资服务平台上发布资金需求以及企业经营的信息，由于云融资服务平台对接不同的资金供给主体，他们通过云融资服务平台寻找目标企业，双方通过平台就资金的供求进行资金规模、期限、利率匹配、选择，与此同时，为化解信息不对称和分担信贷风险，知识产权、征信、会计师事务所等中介机构提供不同的专业服务。最后，科技型中小企业与资金供给主体一方或多方完成资金融通过程。具体地讲，科技型中小企业由于自身的特点，尤其是在发展初期存在融资难的困境，在通过企业主投资、职工集资等内源融资仍不能满足的情况下，可通过云融资服务平台发布资金的需求信息、企业的实际经营情况、科技创新水平等。云融资服务平台是“多对多”的融资模式，它对接了众多的正规金融机构、小贷公司、风险投资以及处于云端的个人投资者，这些资金提供主体也通过云融资服务平台寻找合适的目标企业或项目，实现资金的较好收益。他们会与企业就资金需求的规模、期限、利率及其他条款进行讨价还价、匹配，资金供给主体最为关心的是借贷风险，即资金的安全回收和收益。企业的信用级别、专利等无形资产以及企业实际的经营信息、真实的财务信息将是他们筛选合适目标企业的核心信息，这时，知识产权机构、信用评级机构以及会计师事务所依据企业的真实情况提供真实的专业报告，减少了资金供给主体与科技型中小企业之间的信息不对称。为进一步化解风险，信用担保机构会提供借贷资金的信用担保，与此同时，在融资过程中会得到服务收益，企业在规定期限内偿还资金以及相应的利息，资金提供主体安全回收资金和资金收益。这些机构的配合使科技型中小企业云融资活动得以顺利完成。

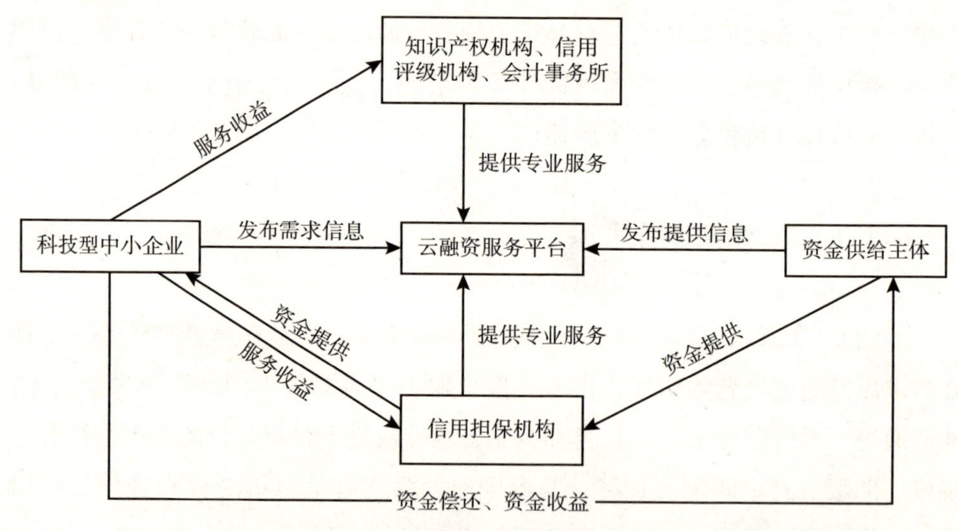

图6-3　科技型中小企业云融资过程

正如前述分析，科技型中小企业不同要素之间存在复杂的相互作用关系，这使得不同的企业表现出多样化行为。基于这一思考，前述章节分别从理论层面探讨了科技型中小企业云融资模式的要素及要素之间的内在作用机理。以此为基础，根据多主体建模方法与工具，并结合理论分析进一步运用 Repast 仿真软件，模拟科技型中小企业云融资模式的动态演化过程。

6.2.2　仿真主体分析

前述分析指出，科技型中小企业云融资模式有不同的参与主体，包括资金需求主体、资金供给主体等，不同主体的特性简要描述如下。

1. 资金需求主体

资金需要求主体是科技型中小企业本身。第一，它首先是云融资模式的发起者。作为发起者的科技型中小企业，它首先要根据自己不同的发展阶段所需资金规模提出融资额度以及偿还条款，所提议的融资额度能够对产品开发、生产经营或者扩大规模起到推动作用。第二，科技型中小企业是云融资活动的直接受益者，它接受政府以及其他商业资金供给主体提供的低成本、高效率的资金，加快技术创新的进程，开发出科技含量高的新产品，从而取得更多更好的收益。另外它是其他中介服务机构所提供专业服务的受益者，中介服务机构提供的服务化解了它与资金提供主体之间的信息不对称。第三，科技型中小企业是云融资模式的信息提供者。相对于传统的融资模式，云融资模式更多的是互联网平台上的活动，各主体之间的参与是建立在信息的挖掘和分享基础上，只有科技型中小企业向云融资平台中的其他主体及时、准确地提供企业的技术开发信息、生产经营以及财务信息，形成大数据，才能建立信息分享和挖掘的基础。第四，科技型中小企业是云融资模式的资金偿还者和其他服务报酬提供者。科技型中小企业为获得融资，必须及时偿还资金供给主体的本金和应付的利息，才能取得良好的信用记录，才能使云融资活动持续健康地进行。与此同时，科技型中小企业在取得中介机构提供服务的同时，必须支付相应的报酬来保障云融资活动的顺利进行。

2. 扶持性资金提供者

扶持性资金提供者是指政府。第一，它是扶持性资金的提供者和社会资金的引导者。科技型中小企业在种子期和初创期资产规模较少，难以从银行等金融机构取得贷款，扶持性资金的提供可以说是雪中送炭，况且这部分资金又不用偿还，极大地激发了企业科技创新的积极性。再者，通过财政资金的投入，政府可以利用其巨大的公信力引导社会资金的跟进，放大资金规模①，从而缓解科技型中小企业的融资难。第二，政府是云融资模式的收益分享者。政府把资金投向符合其产业政策，实现了产业结构的调整和升级，促进了低碳社会和创新型国家的建设。同时，云融资活动的顺利进行助推了科技型中小企业的做强、做大，培育了区域竞争力，带来了客观的财政收入，创造了更多的就业机会。另外，社会闲散资金高效健康的出口减少了高利贷现象的发生，促进了社会和谐。可以说，政府是云融资模式最大的社会收益分享者。

3. 商业资金供给主体

商业资金供给主体包括众多的投资者。第一，它们是云融资模式中商业资金的提供者，为科技型中小企业提供资金。众多的商业资金提供主体参与和多元化的资金提供方式为科技型中小企业低成本、高效率的融资奠定了基础。企业可根据不同发展阶段资金需求特点进行动态融资。第二，它们是企业正常运营的监督者。商业资金供给主体提供资金的目的是使自身的资金收益最大化，因此企业能够按时偿还资金是它们最为关心的问题。商业资金提供主体还要动态地跟踪、监督企业的科技开放、生产经营情况，尤其是那些以股权投资方式提供资金的主体，它们提供资金的目的是为了长期持有，取得更好收益，更应该及时监督企业的运营。第三，商业资金供给主体是云融资模式的收益分享者。科技型中小企业在商业资金的及时、足量提供下，科技创新得以顺利开展，企业生产经营正常运转，企业就可以及时偿还本金和利息以及利润分红。

---

① 金学军，陈杭生．从桥隧模式到路衢模式［M］．杭州：浙江大学出版社，2009.

商业资金供给主体收到与自己风险相匹配的资金收益，并通过与企业的业务往来、互动取得一定的业务收益。

4. 中介服务机构主体

科技型中小企业云融资的中介服务主体主要是指在资金需求主体和提供主体之间进行融通资金服务的机构，这类主体包括信用担保机构、信用评级机构、知识产权评估管理机构、会计师事务所和平台管理机构等组织。第一，它们是云融资的参与者和支持者，与此同时，云融资的顺利进行给每个参与主体带来了收益，它们是云融资的收益分享者。由于它们是专业机构，所扮演的角色各不相同。第二，它们是云融资活动风险分担和信息不对称的化解者。信用担保机构的介入对信贷偿还起到了风险分担的作用，知识产权管理机构、会计师事务所等机构提供的专业报告化解了企业与资金提供主体之间的信息不对称，起到了桥梁沟通作用。第三，它们是云融资活动的受益者，在提供服务的同时，接受资金提供主体提供的服务报酬。

6.2.3　主体行为规则

在对科技型中小企业云融资模式中的参与主体及其属性分析之后，接下来需要确定不同主体间的作用规则。一般而言，模型中涉及的主体类型越多，复杂程度就越高；同时，现实中主体之间的相互作用也是多样的，存在一定的主次关系（刘德胜，2011）①。根据本书的研究需要，实际的建模过程只需要抽象出主体之间的关键规则即可。

1. 资金需求主体

在云融资模式中，作为资金需求方的科技型中小企业，它是整个系统的关键所在。云融资模式的构建主要是为了实现科技型中小企业从云端高效地获取

① 刘德胜．创新型中小企业基因及作用机理研究［D］. 济南：山东大学，2011.

资金支持，然后促进自身运营活动的开展，从而实现可持续发展。因此，在云融资模式中，科技型中小企业会与不同的要素发生相互作用，这种相互作用也是双方博弈的过程。通常情况下，科技型中小企业会通过第三方的平台管理机构发布资金需求信息，资金供给主体则会通过平台了解资金需求方的信息，并根据设定的风险收益函数，以此来决定资金的投入。由于科技型中小企业具有学习和记忆能力，前一期 t 的融资策略和融资后的企业项目状况会对下期 $t+1$ 的行为产生影响。同时，在模仿机制的作用下，科技型中小企业对当期的融资行为会具有一定概率的反思行为，即企业会按照融资后的收益进行比较，由此可能会影响到企业的当期策略行为按照一定的概率 $r(p)$ 发生改变。此外，根据下面的复制动态均衡方程来预判科技型中小企业的信贷行为。由于受到学习和模仿机制的共同作用，科技型中小企业的反思行为会对贷款策略的选择产生影响，将按照 $r_i(P)$ 对群体中主体的策略收益进行对比，选择更加有益的策略。

$$\dot{P} = P_1(f_1^E - \overline{f^E}) = P_1(1 - P_1)Q_1\lambda_1\{D[1 + R(t)] - G\}$$

$$\dot{P} = P_1(f_1^E - \overline{f^E}) = P_1(1 - P_1)\lambda_1\{D[1 + R(t)] - G - 2HV_1\}$$

2. 资金供给主体

在云融资模式中，资金供给主体是多元化的，他们的行为选择具有一定的相互影响。当资金需求主体从平台供应商处获得科技型中小企业的资金需求信息时，会对企业的融资额度、经营情况、风险水平、创新能力等方面进行评估和构建收益函数，据此来确定自身是否投入资金或资金投入的程度。考虑到平台供应商的信用及实力等因素，会影响到资金供给主体的资金投放力度。另外，不同资金供给主体的信用和影响力是不同的，由此可能产生引致性资金力度增强。例如，在某一科技型中小企业融资的过程中，如果政府扶持性资金的投放，会吸引其他的资金提供方供应资金，这是由于政府具有一定的公信力，本阶段政府扶持性资金的投放将会带来下一阶段的资金供给主体的投放量增高，从而有助于提高融资效率，使得科技型中小企业更加容易获得资金支持。在仿真过程中，资金供给主体将会根据收益函数来选择自己的策略，主要的评判标准为，处于某一阶段的策略的收益 $\lambda_i\{D[1+R(t)]-G\}+G-DR_0-U$ 与同类主体的平均收益 $\lambda_i\{D[1+R(t)]-G\}+G-DR_0$ 进行对比。

3. 平台供应商

在云融资模式中，科技型中小企业的融资需求需要通过第三方的平台发布，这种第三方平台需要具有很高的实力，才能使得科技型中小企业发布的融资信息让更多的资金供给方获取，从而在云融资模式中需要构建强力的平台方。对于平台商而言，平台方的影响力与企业的融资效率，以及资金供给方的投资意愿存在一定的函数关系。一般而言，平台的影响力越大，科技型中小企业的融资效率越高，资金供给方的投资意愿也就越强。所以在云融资模式中，需要提高平台的影响力。

4. 个体生成、复制和退出规则

在科技型中小企业的云融资环境中，当参与主体的实力达到某一临界水平之后，模拟生成部分新的主体并随机添加到模拟过程中。同时，由于在市场中引入了竞争机制，就必然会有个体倒闭。当模拟运行至第 t 个时间周期时，按照实力的大小淘汰部分主体。此外，为了维持正常发展，每期都要付出一定的成本 C，如果不能满足基本的需要，也会被市场淘汰。

6.3　云融资模式仿真结果分析

在前述科技型中小企业理论分析的基础上，运用 Repast S 建模仿真软件对科技型中小企业初创期的融资问题进行模拟。针对科技型中小企业而言，它们在创立的初期往往更容易遭受到融资困境，这主要是相比传统企业，缺少实物抵押、产品创新成功概率低等多种因素，导致其发展过程中面临更多的风险。一定程度上也是导致银行等金融机构不愿贷款，而企业自身又缺乏足够的内源融资途径，诱发了科技型中小企业的融资缺口。因此，选择科技型中小企业发展初期阶段进行仿真，对探讨云融资模式更具代表性。

6.3.1 参与主体属性描述

根据这一阶段的特点进行建模，模拟该阶段的云融资模式的运行情况。根据前面的分析，科技型中小企业在种子期、创立期，即发展的初期基本没有实物资产，也没有稳定的销售，但是相对需求的金额规模也不是很多，这种情况下，正规金融机构银行鉴于控制风险的要求就没有动力向这期间的科技型中小企业提供信贷业务。科技型中小企业在此阶段融资主要考虑资金成本相对降低的企业主投资、职工集资等内源融资，另外政府性扶持资金也是它们主要考虑的资金来源渠道，一方面，资金成本相对低，甚至不用偿还，但这需要严格的筛选。再者，企业可通过 P2P 发布信息，众筹等方式或途径获得资金。处于云端的众多个人投资者虽然每个人投资的金额很少，但积少成多，况且需求的金额少，完全可满足融资需求。风险投资及天使投资一般都倾向于在技术前景较好的科技型中小企业的初期进行投资，企业也可考虑通过这两种方式获得资金。该阶段资金需求主体在云融资服务平台上发布资金需求的信息，并提供相关真实的财务状况等信息，知识产权管理机构通过云融资服务平台为资金需求主体的专利等无形资产进行界定和确认，由于资金需求规模较少，P2P 网络融资将参与到该阶段的融资，信用担保机构为相应的担保金额提供担保分散风险。风险投资及天使投资等机构对企业的技术前景进行考察，并确认是否提供资金。在此阶段，资金需求主体得到扶持性资金、部分商业资金提供主体提供的资金，商业资金提供主体得到相应的资金收益，知识产权管理机构及信用担保机构等中介机构得到相应的服务报酬。

6.3.2 参数设置

仿真环境是由二维方格（Grid）组成，每个方格内可以存在不同形式的主体，主体之间按照前述既定的行为规则存在作用联系。在建立的基础框架内，所有的主体都是随机分布的，资金、信息、知识等都是随机的。初始参数设置包括：科技型中小企业的数量、个人投资者、风险投资者和政府扶持资金等，贷款利率参照平均的网络贷款利率水平，风险偏好水平按照随机函数的方式随机配置，模拟次数按照200次迭代完成，见表6－3。

表6－3　　仿真参数设置表

序号	参数	数值
1	初始企业个体数量	2000
2	企业个体初始财务实力	U（1500，2000）的均匀分布
3	初始资金供给方的数量	50
4	初始贷款额度	U（200，2000）的均匀分布
5	投资回报率	U（15%，30%）的均匀分布
6	创新成功率	U（0.1，0.3）的均匀分布
7	初始利率	U（8%，9%）的均匀分布
8	资金成本率	0.25%
9	抵押品价值分布	U（50%，75%）的均匀分布
10	中介机构费用率	U（3%，5%）的均匀分布
11	政府的扶持力度	U（5%，15%）的均匀分布
12	迭代次数	200

6.3.3 仿真结果分析

1. 政府扶持资金对云融资系统中的企业融资效率仿真

一般情况下，科技型中小企业融资多是为了满足创新的需要，从而在本书的模拟过程中假定科技型中小企业融资的需求是为了满足创新需要。因此，分别探讨了在创新水平一定条件下的政府扶持资金投入不同情形下的融资实现状况。

根据本书设定的仿真参数，通过Repast软件构建的仿真模型分别模拟了政府扶持资金比率为0.1和0.3时可以融到资金的科技型中小企业的数量变化趋势，模拟周期为200次。在图6-4和图6-5中，分别有两条曲线，在上方的以“□”标号的表示平台供应方影响力为0.3时的走势，以“◇”标号的表示平台影响力为0.1时的走势。也就是说在科技型中小企业融资的过程中，通过第三方平台发布资金需求信息受到平台影响力的影响。模拟的结果表明，

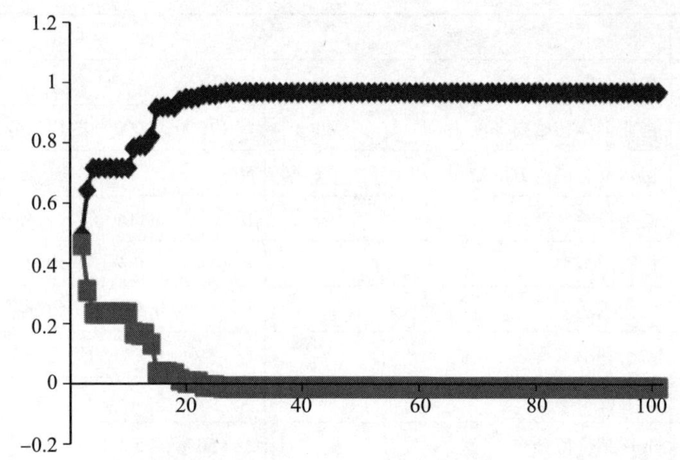

图6-4　政府扶持资金比率为0.1时的融资成功企业数量变化趋势

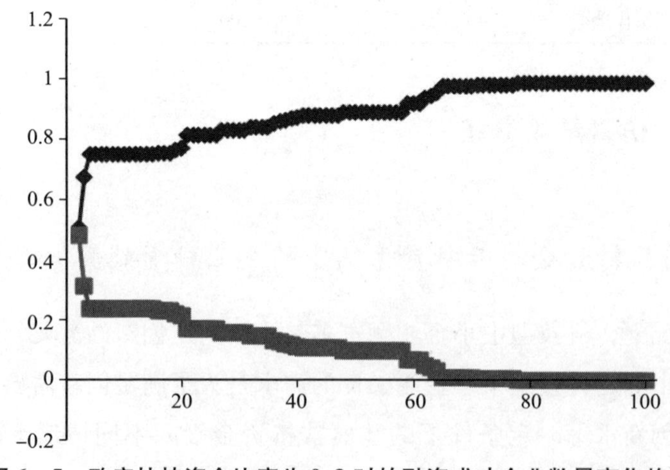

图6-5　政府扶持资金比率为0.3时的融资成功企业数量变化趋势

科技型中小企业获得资金的时间随着平台影响力的变动有同方向的变动趋势。在平台影响力一定的情况下，如果有政府扶持性资金进入市场，会吸引更多的投资主体入市，则有助于更多的科技型中小企业获得相关资金的支持，即会产生一种引导性的资金供给。导致这种现象的原因主要是政府的公信力，有助于提高整个融资平台的信息对称性程度，从而进一步改善科技型中小企业的融资环境。从而在一定程度上，为了更好地优化科技型中小企业的融资环境，需要充分发挥政府的引导作用，尤其是在政策层面的策略出台。

2. 企业不同创新成功率下的融资效率分析

在前述的博弈模型构建与分析过程中，不同的风险水平和创新成功率对科技型中小企业的融资效率产生影响。按照现实中的科技型中小企业与金融机构的大致比例关系设定仿真模型的初始参数，然后进行模拟试验。仿真模型分别探讨了创新成功率为 0.3 和 0.6 时融资效率的情况，通过扩大创新成功率的倍数，以便于发现存在的变化规律，模拟结果如图 6－6 和图 6－7 所示。

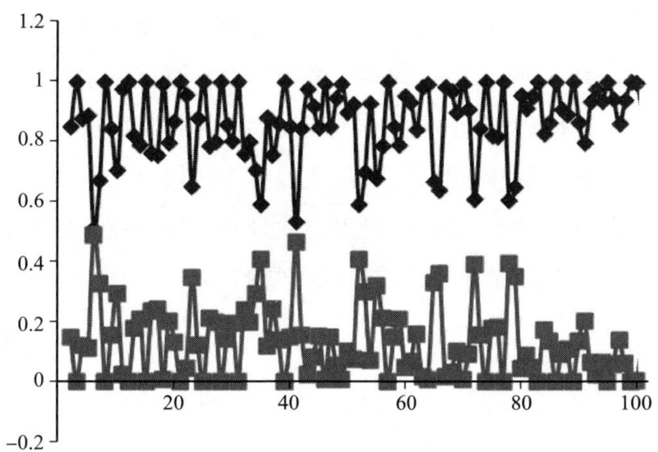

图 6－6　λ＝0.3 时的演化模型

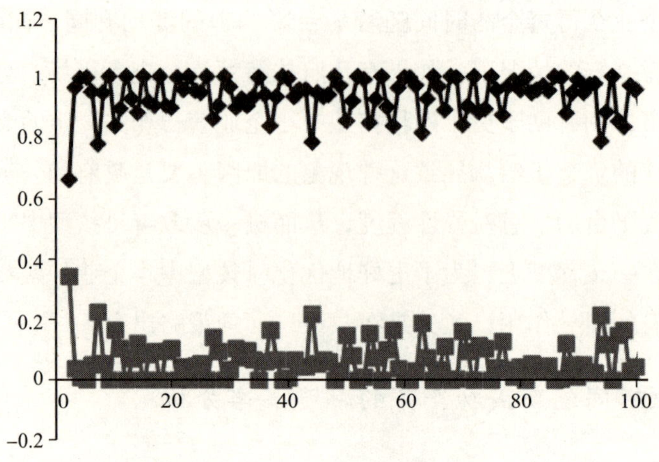

图 6-7　λ=0.6 时的演化模型

可以看出，在科技型中小企业不同的创新成功率的情形下，创新成功率对预期的收益具有影响，从而会导致群体演化行为的变化。不同创新成功率对科技型中小企业和银行等资金供给方的策略选择有重要的影响。模拟结果表明，在创新成功率较低时，违约企业个体数量的波动幅度非常明显，具有不稳定性。随着创新成功率的增长，违约的企业个体数量呈现下降趋势，且趋于演化稳定。同时，由于不同的参与主体存在学习能力，具有一定的学习记忆，这种学习记忆能力使得科技型中小企业会不断地在演化过程中改变策略，以实现在演化中取得更高的收益和回报。对于演化过程中的资金供给方而言，则是表现出来一种贷款倾向的增加，即它们更可能向经营稳定、技术成熟的科技型中小企业放贷，主要是这有助于降低贷款的风险，这一点也与现实的发展基本吻合。

3. 引入政府等监管或约束的云融资系统的演化仿真

在参数 U（表示监管成本）和 H（给予的奖惩额占比）的不同取值水平下，科技型中小企业、银行等资金供给主体的策略选择呈现往复的变化趋势，最终在多轮的博弈过程中达到某一演化的稳定状态。从实际的模拟图 6-8 和图 6-9 显示的结果表明，随着监管成本和奖惩额度的变化，对不同群体策略

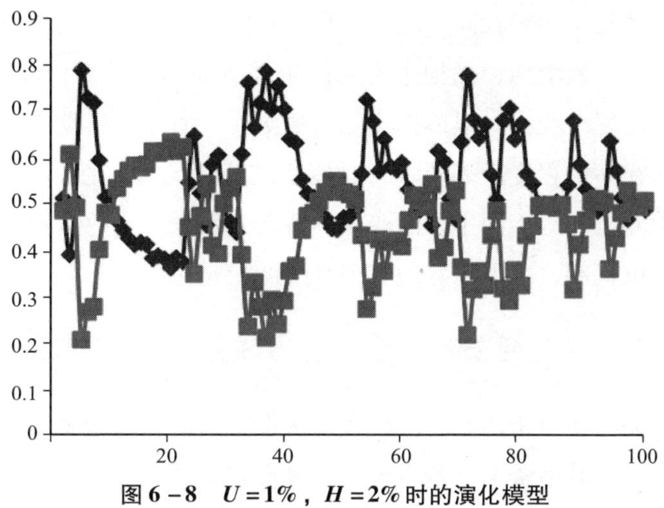

图 6－8　$U=1\%$，$H=2\%$ 时的演化模型

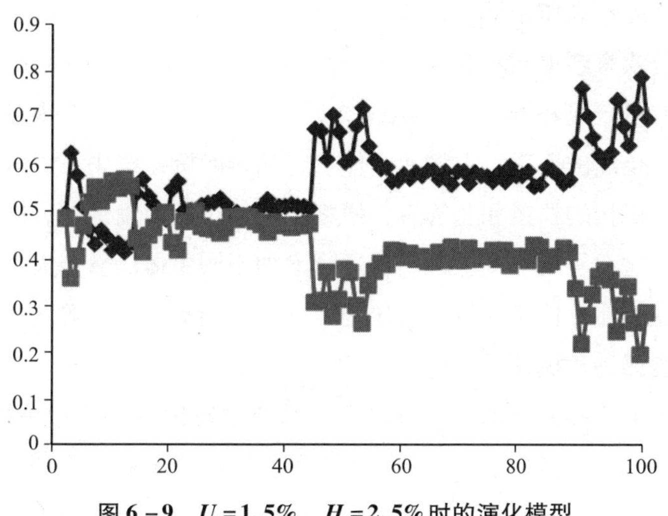

图 6－9　$U=1.5\%$，$H=2.5\%$ 时的演化模型

选择的变动频率和波动幅度具有明显的影响，这在一定程度上反映出监管对云融资系统的演化有重要的作用。从实际的模拟结果来看，随着（U，H）取值的变化，P 的均值水平呈现出先降后升的趋势，具有一定的局限性。具体来看，在初始的监管情况下，科技型中小企业选择违约策略的比例平均多于还款企业的比例，随着模拟的继续，选择还款科技型中小企业的比例开始占优，但波动幅度和波动频率相对较高。随着提高监管的力度，选择还款策略的科技型中小企业的比例开始增加，平均来看要高于选择违约策略的科技型中小企业，曲线的波动幅度逐渐变小。但模拟达到200次时，演化仍然没有达到演化稳定状态。所以这在一定程度上表明，云融资系统演化的稳定性和能否达到收敛，需要政府、中介机构等不同主体的参与，并需要引入一定的监管措施引入来规范系统中的约束机制，才能更好地实现系统的稳定性。

4. 多元主体参与的云融资系统演化仿真分析

在前述演化模型分析的基础上，在本次设置的演化模型中引入政府、中介机构、平台，以及其他资金供给主体，通过设定不同参与主体相应的参数，对多主体参与的云融资系统的动态演化过程进行仿真模拟。在政府政策、中介机构等不同主体的共同作用下，科技型中小企业的还款意愿和概率显著提升，资金供给方的贷款意愿也同步提升。如图6－10所示，“□”标号的表示选择逾期违约策略的科技型中小企业的概率，以“◇”标号的为选择到期还款策略的科技型中小企业的概率。在多元主体参与的云融资系统中，引入政府、担保等一类的中介机构的扶持和监管后，模型趋于稳定的速度加快，即很快达到演化稳定状态。这在一定程度上说明，通过增加不同主体的参与力度，对降低科技型中小企业的违约比率有较好的作用，同时也会提高银行等金融机构参与云融资系统的意愿和积极性。

从图6－11所示的模拟结果可以看出，通过发挥政府等相关机构的作用，尤其是增加政府的扶持性政策和扶持资金的投入，会吸引更多的投资资金介入云融资系统，提高了不同投资主体的投入意愿，选择对科技型中小企业投资的策略占比增加。这种情况表明，政府等不同主体的参与和扶持，对缓解科技型中小企业的融资困境，提高其可持续发展的能力具有十分重要的作用，从而使得整个科技型中小企业的云融资系统处于稳定和有序的运行中。

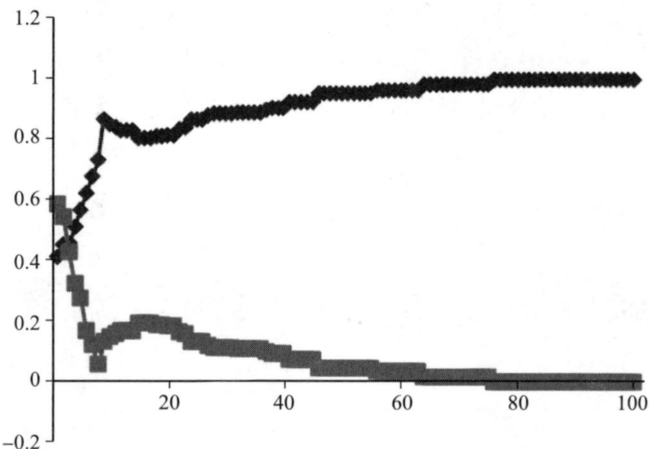

图6-10　云融资系统中的科技型中小企业策略选择演化

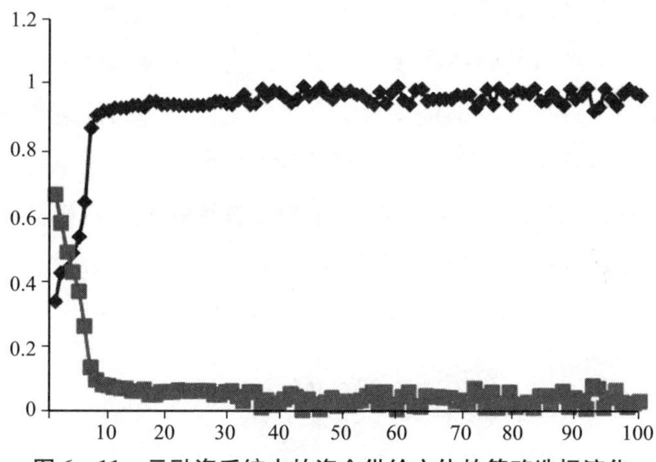

图6-11　云融资系统中的资金供给主体的策略选择演化

第 7 章

科技型中小企业云融资模式策略分析

科技型中小企业云融资模式是在互联网经济时代，特定的金融生态环境下，由政府、企业、商业资金供给主体以及其他中介机构等多种主体共同参与，涉及资金、信息以及服务等多种要素的动态、多维的创新融资模式。它在一定程度上解决了科技型中小企业与资金供给主体之间的信息不对称，使风险相对降低，从而使科技型中小企业得到及时、低成本、高效率的资金，为企业的持续健康发展起到了保障作用。但真正地使该模式发挥更积极地效果，需要充分发挥各主体的作用，并加强他们之间的互动。

7.1 政府层面

政府在科技型中小企业云融资模式中扮演极为重要的角色，它为科技型中小企业的发展提供扶持性资金，同时科技型中小企业云融资的有效运转是建立在全面信用体系和一定的法律框架基础之上的，需要政府发挥政策扶持作用、完善信用体系以健全和完备相关法律制度。

1. 公平、公正地提供政策扶持性资金

政府是科技型中小企业云融资模式中扶持性资金的提供者和社会资金的引

导者。政府利用财政资金来帮助处于种子期、初创期的科技型中小企业是世界各国普遍性的做法，美国、日本、韩国以及其他欧洲发达国家都有类似做法，一定程度上助推了科技型中小企业的发展，从而也带动了本国的科技创新和进步。科技型中小企业在种子期和初创期资产普遍较少，难以从银行等金融机构取得贷款，扶持性资金的提供可以说是雪中送炭，并且这部分资金又不用偿还，极大地激发了企业科技创新的积极性。再者，通过财政资金的投入，政府可以利用其巨大的公信力引导社会资金的跟进，放大资金规模①，发挥政府扶持性资金的杠杆作用，从而缓解科技型中小企业的融资难。比如，一些优势科技项目一旦有政府扶持性资金的支持，风险投资、天使投资，甚至一些金融机构可能也会跟着提供资金。关键是政府需要公平、公正、公开地向科技型中小企业提供这部分资金。只有做到公平、公正、阳光透明，才能取信于民，才能真正引领整个国家的科技创新。为此，政府必须制定严格的筛选标准、透明的操作流程、着实有效的督查制度等。

2. 完善中小企业以及个人信用体系建设

中小企业融资难、融资贵是世界难题，其中一个重要原因是信息不对称，较高的资金使用成本以及冒险项目高利润的诱惑可能使一些中小企业违背融资初期的低风险用款承诺，这种信息不对称会导致道德风险，借款人会采取对自身有利而对银行不利的行动，从事高风险投机项目，导致中小企业贷款违约率较高。中小企业信用体系的建设和完备可以有效避免这种风险。科技型中小企业云融资模式是建立在互联网平台上，无论是个人投资者，还是机构投资者，不可能全面调查企业的实际状况，他们更加关注的是企业的信用及信用等级。而目前中国中小企业的信用体系是割裂的，还不能全面真实有效地反映企业的真实情况，比如，对一家科技型中小企业，不同的银行信用评级是不一致的。因此，政府需要完善、统一中小企业信用信息体系，进一步改进中小企业的信用评级办法，制定科学、切合中国实际的中小企业信用评级制度，并根据企业

① 金学军，陈杭生．从桥隧模式到路衢模式［M］．杭州：浙江大学出版社，2009.

的实际状况界定中小企业的信用等级，确保信用评级的结果标准化、透明化、可信度强。政府通过对中小企业实施集中会计核算，对其财产进行严格清查和审计监督，建立中小企业信用信息库和应用记录数据库[①]。与此同时，科技型中小企业云融资模式的资金来源渠道包括来自云端的众多个人投资者，目前个人投资者的信用还不能全国联网共享，这对判断投资者、借款人的信用带来了障碍。随着全国互联网的普及以及社会的进步，政府需要完善统一个人征信体系建设，使 P2P 借贷等互联网金融融资便捷、成本低、效率高，形成简单易行的科技型中小企业云融资模式。

3. 制定积极的扶持性政策和规范监管法律

政府是互联网金融、产业政策的制定者和规划者。良好的扶持政策指导着科技型中小企业的发展方向并助推他们健康发展，科技型中小企业作为国家科技创新的主要载体，政府需要积极制定切实可行的扶持政策，尤其是在扶持资金的划拨和使用上。同时，互联网金融是当今互联网经济时代金融服务的创新，美国对 P2P 网络借贷、众筹方式都有专门的监管机构和法律文件。目前中国政府在此方面有所欠缺，比如对于 P2P 借贷，政府还没有准入门槛、行业标准以及监管部门方面的法律条文。要使科技型中小企业云融资顺利健康运行，政府需要适时制定合适的法律条文和规划。互联网金融作为新型的金融服务理念，现有的金融监管体系尚不完善，存在一定的监管缺位，云融资模式中的 P2P 网络借贷、众筹作为互联网金融的重要组成部分，目前也暴露出风险收益失控的现象。政府除了尽快制定相应的政策，确定风险监管部门外，还需要时时监管其运行风险。

4. 积极改善金融生态环境

迈克维（McKelvey，1999）[②] 认为复杂适应系统具有在快速、不确定变化

---

① 彭文华，贾英．中小企业融资问题研究［J］．商场现代化，2008（3）：74－76.

② McKelvey. B. *Complexity theory in organization science：seizing the promise or becoming a fad. Emergence*，1999（1）：5－25.

环境下较强的生存、发展与创新能力。复杂适应系统通过适应环境来维持生命、实现成长和发展。科技型中小企业云融资模式的众多主体与周围的环境不断地进行着物质、能量的交换，由于各参与主体具有主动适应环境的能力，因此要促进云融资活动的进一步创新，实现质的飞跃，需要营造良好的金融生态环境，具体做法包括以下几项：①完善政策法律环境、创新文化环境和信用环境，全方位地为科技型中小企业量身定做可持续发展的政策扶持环境，尤其是在鼓励科技创新、企业做大做强的产业政策方面；②完善对 P2P、众筹等网络融资的监管法律制度建设，防范非法集资等恶性事件的发生；③在全国范围内形成“开放、共享、自由、包容、平等、自愿、民主”的创新理念和创新氛围，创新主体会更加自愿地参与创新，主动性得以加强，创新的欲望得以提高，创新效果也会得以涌现；④着力强化信用观念、信用文化的宣传和普及。

近些年，以互联网为平台的 P2P、众筹等网络融资在美国、英国等发达国家风起云涌的关键在于广泛普及的信用文化，而目前中国的信用文化环境还比较恶劣，人们的信用意识还比较薄弱。要使科技型中小企业云融资活动顺利开展，需要政府、商业资金提供主体、企业、中介机构等市场主体全面合作，而合作的基础就是信用，也就是说，信用合作机制是科技型中小企业云融资模式的必要条件。尤其云融资模式面对的是“创新风险高、失败率高”的科技型中小企业，以及众多的个人投资者。一方面，从政府层面来讲，要加大相关法律法规的制定和执行，建立全面的企业及个人信用体系建设，并加大对失信行为的惩戒力度；另一方面，从社会层面来讲，全社会必须重视信用文化的建设和培养，形成失信可耻、讲诚信光荣的社会氛围。与此同时，全社会要全面支持科技型企业的持续健康发展，来为科技型中小企业云融资模式的顺利开展创造条件。

7.2　企业层面

科技型中小企业的灵魂是科技创新，他们通过科技创新得到富有高科技含量的产品或服务，并获得较好的盈利水平，从而可以持续不断地吸引投资者的投资，与此同时，投资者还非常重视企业的基础管理能力，公司治理水平以及企业披露的真实可靠的包括财务信息在内的经营信息，这就需要科技型中小企业在以上方面制定具体切实的措施和对策。

1. 提升企业的创新能力，开发富有高科技含量的产品或服务

科技型中小企业在种子期和初创期，必须加大科技创新的力度，重视发明创新和科技新产品的开发，注重不同创新模式的综合运用，在做好自主创新的同时，可以采取引进消化吸收再创新、模仿创新等方式学习先进国家或企业的新技术。在科研资金缺乏、创新人才匮乏的前提下，可采用云创新模式，根据前面的介绍，云创新是在全球范围内、利用互联网、云计算等现代通信技术，综合整合人才、技术、资金等创新资源，为企业或组织提供创新方案，它具有群体智慧、低成本、高效率等创新特征，非常适合科技型中小企业的应用。比如世界知名化妆品宝洁公司内部并没有很多的创新工程师，但是每年众多新产品进入市场创造的价值令世界瞩目，他们就是充分利用 InnoCentive 创新平台来进行新产品的研发。美国的 InnoCentive 网站是专门为全球科技研发界而创建的、首家互联网奖励机制公司。已有来自世界超过 179 个国家的科学家注册成为技术问题或难题的“解决者”，他们一般会寻找符合自己兴趣和专长的重大研发问题作为自己的智力挑战。科技型中小企业在此互联网信息交流平台上可以登记为“寻求者”，张贴挑战，利用科学人才的智慧解决自身发展中的一些科研难题。同时，科技型中小企业还需要通过原始创新、技术更新和改造，发挥自身优势，以市场为导向，开发出市场欢迎、富有科技含量高的产品和服务，从而获得较高的经济效益，使企业得到健康持续发展。

2. 健全财务管理制度，提供真实可靠的经营信息

中小企业之所以很难从银行取得信贷资金的一个重要原因是企业不能向金融机构提供真实可靠的财务报表等信息，为了避税向税务部门提供的是一套账，为了得到贷款向金融机构提供的是另外一套账，反映实际经营状况的可能

又是另一套账。而且科技型中小企业在成立的初期，为了减少人工成本、降低费用，做财务工作的人员并不是专业人员，或者出纳、会计等多个岗位由一人承担，这种混乱局面导致企业的账目混乱、财务信息不全面、数据不真实等。金融机构或其他投资者不能得到真实可靠的财务信息，处于信息不对称的状态，就很难向科技型中小企业提供资金。但在当前互联网时代，企业、个人的信息能及时地反馈给每个人，企业没有更改的空间。因此，科技型中小企业在其成立初期就需要完善全面的财务管理制度，按照国家相关规定制定规范的财务操作标准，同时提供真实可靠的经营信息，只有这样，科技型中小企业云融资模式的融资方以及投资方才能处于信息对称的状态，同时，提供真实可靠的财务信息有利于科技型中小企业得到较高的信用等级，从而可使企业得到更加低成本的资金。

3. 规范企业的经营管理，培养企业的核心竞争力

科技型中小企业云融资模式是平台融资模式，这种平台模式对应的是“多主体对多主体”。具体地讲，一方面，资金供给方包括政府扶持性资金、银行等正规金融机构、小贷公司、天使资金以及众多处于云端的个人等；另一方面，资金需求方包括很多科技型中小企业。因此科技型中小企业可以根据自身的经营状况选择不同的资金提供主体，与此同时，资金供给主体也在选择科技型中小企业，这种情况下，只有那些有良好的自身条件、广阔发展前景、具备核心竞争力的企业才可能得到资金供给方的青睐。因此，科技型中小企业从企业成立时起就要规范企业的经营管理，提升企业的治理水平，从技术、人才、市场等方面积极寻找企业的竞争优势，培养企业的核心竞争力。尤其是中国相当部分的中小企业不能做到产权清晰，权责分明，缺乏科学的决策体系，一定程度上制约了企业的做大做强，影响了企业的融资。科技型中小企业必须转换经营机制，加大企业体制改革，进一步明确产权结构，完善现代企业制度，确实建立起符合现代市场经济要求的企业组织形式①。

---

① 阮垂玲，费芳．金融与中小企业融资研究［J］．现代商贸工业，2008（1）：29－30.

7.3 资金供给主体层面

商业资金供给主体在科技型中小企业云融资模式中是资金的“生产者”，它们与科技型中小企业——“需求者”形成了生产与消费的关系，推动着企业持续健康发展，因此，它们在云融资模式中具有举足轻重的地位。与此同时，风险与收益并存，商业资金供给主体在向科技型中小企业提供资金的同时，要在整个融资活动中要发挥动态的监督和管理角色，确保资金的安全回收和收益的获得。

1. 建立多元化的资金来源渠道

基于云创新的科技型中小企业云融资模式是开放的、民主的，资金提供者不仅包括处于云端的个人投资者，还有企业、正规金融机构以及民间非金融机构。这种多元化的资金来源渠道对云融资模式的资金需求者——科技型中小企业和资金提供者都是非常有利的。具体地讲，对于科技型中小企业，多元化的资金来源渠道使企业有了充分选择的余地，不同的资金提供主体有不同的资金借贷规模、期限以及贷款利率，科技型中小企业可根据自己的实际需求，选择适合自己的资金来源渠道，而且它们之间的竞争关系使企业得到“低成本、高效率”的融资。与此同时，根据企业的成长周期理论，中小企业一般经过种子期、初创期、成长期及成熟期，并且在不同的成长阶段有不同的资金需求特点，科技型中小企业可根据不同阶段的资金需求特点来选择适合的资金供给主体。对于商业资金供给主体来讲，多元化、众多的商业资金供给主体化解了融资风险。一笔大额的贷款由众多的资金提供主体提供时，即便企业有违约风险，风险也相对分散。因此，科技型中小企业云融资模式平台需要对所有投资者开放，吸引众多的资金提供主体参与到科技型中小企业的融资活动中。

2. 实施对融资活动的动态监督

商业资金供给主体提供资金的目的是使自身的资金收益最大化，因此企业能够按时偿还资金是它们最为关心的问题。商业资金供给主体还要动态地跟踪、监督企业的科技开发、生产经营情况，通过对目标企业的时时控制，达到减少和分散风险的目的。商业资金供给主体在贷前要严格筛选目标企业，仔细认真地审查企业提供的财务报表，并通过互联网搜寻企业生产经营的一切信息，对于大额的贷款，要做到线上线下相结合的方式实地调查企业的真实情况，按照自己的标准和制度确定是否给目标企业提供资金。贷中要严格规范贷款手续和流程，仔细了解企业使用资金的情况，落实是否挪用以及项目的实际进展情况，对企业的异常行为要及时反馈并采取果断措施。贷后要建立用款企业的信息数据库，一方面，通过企业数据库的建立、完善以及挖掘，能够发现隐藏在数据背后的信息，对于识别企业真正的价值、减少风险具有非常重要的意义；另一方面，用款企业信息数据库建立为企业再次融资提供了方便，节约了相关方的信息搜集成本，提升了工作效率，可使科技型中小企业更快更及时融通资金，资金供给方的风险程度也大大降低①。尤其是那些以股权投资方式提供资金的主体，它们提供资金的目的是为了长期持有，取得更好收益，更应该及时监督企业的运营。

3. 强化对企业的管理和指导作用

一般来讲，像正规金融机构，非正规金融机构等商业资金提供主体不参与企业的管理，但部分资金提供主体还是企业正常运营的管理者，例如风险投资公司具有很强的参与性，风险投资公司在向科技型风险企业投入资金的同时，也参与企业或项目的管理。他们热衷于对那些具有广阔市场发展前景、富有高技术含量的科技型企业进行投资，并参与到企业的经营管理中，期望在项目成功后得到高额的收益再撤出投资。风险投资公司具有先进的管理经验、丰厚的

---

① 金雪军，卢绍基．融资平台浙江模式创新［M］．杭州：浙江大学出版社，2009.

阅历、开阔的国际视野，他们对企业的管理和指导会极大地促进科技型中小企业的持续健康发展。众筹是基于互联网平台的一种新型融资模式，面对的是处于云端的众多个人投资者，他们倾向于对科技类、文化创意类项目进行投资。众筹融资的部分投资者在注重投资回报的同时，更为注重的是创新体验，他们积极参与项目的技术研发和企业管理，为科技项目的成功提供它们的智慧和管理经验。这些商业资金提供主体的参与管理使企业拓展了视野，提高了管理水平，对企业的持续健康发展具有良好的助推作用。

7.4 中介机构层面

科技型中小企业云融资模式的中介服务主体主要包括信用担保机构、信用评级机构、知识产权评估管理机构、会计师事务所和平台管理机构等组织。它们是云融资活动的重要参与者和支持者，由于专业方向不同，发挥着不同的作用和角色，只有这些中介机构的服务水平和服务效率得到积极改善和提高，才能使科技型中小企业云融资顺畅进行，完成资金的融通活动。

1. 担保机构需要积极化解资金的担保风险

在科技型中小企业云融资模式中，通过信用担保机构为科技型中小企业提供担保起到了一种风险分担的作用，而这样的一种风险分担和分散机制也在一定程度上大大降低了商业银行的信贷风险，有利于企业从商业银行或者个人投资者获得信贷资金[①]。因此担保公司实际上是一个管理风险、控制风险的行业，通过风险分析、风险规避、风险分担以及风险追偿来完成担保业务。科技型中小企业具有“高风险、高失败率、有形资产少”的特点，因此为科技型中小企业提供担保风险程度大大提高，担保机构所获得的收益，难以承担代偿压力。因此，一方面需要实时了解目标企业的真实财务信息及真实经营情况，

① 张玉明．中小型科技企业成长机制［M］．北京：经济科学出版社，2011.

做好风险分析工作，同时要求目标企业提供抵押反担保、质押反担保或者保证等多种反担保措施来应对风险规避工作。另一方面，担保公司还要积极申请政府财政资金来分担企业的违约风险。再者，在云融资模式平台中，担保公司也可通过多家担保公司联盟的形式提高整体实力，分散科技型中小企业的违约风险。

2. 信用评级机构提高中小企业信用评级的质量和水平

信用评级机构在科技型中小企业云融资模式中起到了有效沟通的桥梁作用。它提供的信息一定程度上减少了资金提供给主体与企业之间的信息不对称，增进了他们之间的信任，促进了融资活动的顺利进行。但问题的关键在于信用评级机构是否能够提供真实可靠、公平、公正的企业信用评级资料，因此，信用评级机构需要通过扎实有效的实地调查、建立科学的指标体系、长期跟踪企业的生产经营等相关措施进行科技型中小企业的信用评级。同时，科技型中小企业的实力表现在它的科技创新以及产品未来的盈利性，所以，他们的创新能力以及企业的未来发展前景应该是信用评级机构重点考虑的指标。再者，企业的发展状况受内外环境的制约，并不是一成不变的，信用评级机构应该动态、及时地提供企业的信用评级，化解融资过程中的信贷风险。

3. 知识产权评估管理机构完善企业知识产权的界定和评估

科技型中小企业区别于一般的中小企业的显著特征是“可抵押实物资产少、无形资产多”，他们重视科技创新，掌握某种产品或项目的专有技术或无形资产。科技型中小企业可以利用自己掌握的知识产权向银行申请质押贷款，从而缓解“融资难、融资贵”的困境。知识产权评估机构需要从专业的角度客观、公正地对科技型中小企业的无形资产、专利等知识产权进行实事求是的评价，向资金供给方及企业提供真实有效的信息，从而能够一定程度上化解科技型中小企业的融资风险。

4. 会计师事务所提供真实可靠的财务信息

资金提供主体通过网络了解到科技型中小企业的信息毕竟是碎片化的、不全面的，即便有企业的信用评级，也不能完全了解企业真实财务状况，权威的、有法律效力的财务信息还需要从企业会计师事务所得到。他们提供的报告能够全面反映企业的盈利能力、财务状况以及发展前景。由于具有法律效力，会计师事务所需要按照国家相关会计核算规则和标准对目标企业进行尽职调查和严谨的核算，向科技型中小企业云融资主体提供标准、全面、公平公正的财务信息。

5. 平台管理机构发挥云融资活动协调和沟通作用

根据第 4 章论述，平台管理机构是科技型中小企业云融资模式中的管理者和协调者，它使云融资平台与科技型中小企业、政府、资金供给主体以及其他服务性中介主体平台对接，使资金、信息、服务等创新资源得以在主体之间运转、共享，从而云融资活动可以顺利进行。科技型中小企业云融资模式是建立在互联网平台上的，无形的信息对各参与主体变得至关重要，因此，平台管理机构需要充分收集、挖掘各参与主体的信息，并使这些海量的、碎片化的信息标准化、透明化。与此同时，它还要制定严格的操作规程、公平公正的利益分成机制，使各参与主体有动力、有兴趣参与到云融资活动中。为了使科技型中小企业得到“低成本、高效率”的资金，还要对接更多的、优质的资金提供主体平台。

7.5　主体互动层面

科技型中小企业云融资是由多主体和多要素共同参与的一项资金融通的创新活动，并与周围复杂的金融生态等环境息息相关，因此科技型中小企业云融资是一个复杂的适应系统。“涌现”是复杂适应系统理论中的一个关键主题词。它是指微观主体通过学习、适应环境进化的基础上而导致宏观系统在性能和结构上的突变。一些组成单元按照某种方式组成系统之后，即会产生各部分或部分简单相加所不具备的特性，例如整体的状态、整体的功能等，会使系统的构成产生了质的提升和飞跃。这种新生成的整体特性成为整体涌现性（Emergence）①。在科技型中小企业云融资创新系统中，个人、企业、资金提供主体、政府机构以及其他中介服务机构可以被看作微观具有"活性"的主体，它们与资金、信息、服务等创新要素以及融资环境形成不同的组合，形成一个大的创新系统。创新主体、创新要素以及创新环境之间的互动、反馈与合作，存在着非线性反馈作用。众所周知，非线性作用具有放大作用。从而使科技型中小企业云融资得到了质的飞跃和提高②。从科技型中小企业云融资模式的演化博弈分析也可以看出参与主体之间存在着互动选择和反馈机制。当今时代，知识更新的速度更快，尤其是在互联网平台时代，互联网与人们的工作、生活息息相关，互联网与传统产业的跨界融合成为新常态，各种商业创新模式、技术创新模式层出不穷，大数据的挖掘、共享加快了知识的传播和新生；与此同时，人们工作、生活面临的环境更加复杂多变。产品过剩、技术更新使多数企业面临更剧烈的竞争环境，互联网金融的产生颠覆了传统的金融产业，形成了多变的金融生态环境。科技型中小企业云融资模式中的各参与主体需要积极主动地向其他主体、周围的环境学习，加强主体之间的互动，快速地反馈，保障科技型中小企业云融资活动出现涌现效果。

① 王淑贤：基于 CAS 视角的企业集成创新研究［J］．科技进步与对策，2008（11）：128－131.

② 张玉明，王洪生．复杂适应系统视角下互联网金融复杂性特征和机制研究［J］．山东大学学报（哲学社会科学版），2014（5）：73－82.

第 8 章

研究结论、不足与展望

本章对科技型中小企业云融资模式研究取得的结论进行归纳与总结，指出研究中存在局限性，并在此基础上提出对后续研究的展望。

8.1 研究结论

本书选取互联网背景下的科技型中小企业融资模式创新研究对象，基于云创新具有群体智慧、低成本、高效率、整合资源等特征优势，从云创新的视角构建了科技型中小企业云融资模式，分析了云融资模式的显著特征，梳理并甄别出其参与主体，剖析投入要素的作用机理，并通过多主体建模与仿真，动态模拟了不同条件下科技型中小企业云融资模式的演变过程。主要得出以下结论。

（1）科技型中小企业云融资模式是在互联网与传统行业全面融合的背景下基于云创新视角提出的一种创新融资模式，是一种低成本、高效率的融资模式。这种融资模式可以使融资主体之间的信息不对称得以缓解，风险收益不匹配得以化解，并且围绕融资平台形成了多方共赢的生态圈，一定程度上能够解决科技型中小企业融资难、融资贵的问题。

（2）科技型中小企业云融资模式由多主体与要素参与和实施，包括资金需求主体、商业资金供给主体、政府、中介服务机构等主体要素；资金、信息、服务等传导要素；政策法律环境、创新文化环境以及社会信用等环境要素，它们在云融资模式中承担着不同的角色和作用。与此同时，微观学习、动力运行、利益导向、组织协调、信用合作、风险分担以及互动选择是该模式的关键运行机制。

（3）根据科技型中小企业云融资模式要素、运行机制以及仿真分析，通过发挥政府的政策扶持和法律监督作用、提升自身的创新水平、加大资金提供主体的监督、改善中介机构服务水平、强化主体之间的互动以及改善金融生态环境等措施可以保障云融资模式高效运转，解决科技型中小企业融资困境。

8.2　研究不足与展望

本书对科技型中小企业云融资模式进行了深入研究，并进行了模拟仿真，取得了一定的研究结果，但这些结果是在某些限定条件下完成的，能否具有普遍意义还需要进一步的探讨，也是后续研究需要解决的问题。

1. 科技型中小企业云融资参与主体分析

关于科技型中小企业云融资模式的参与主体，本书仅是界定到资金需求主体、商业资金供给主体、扶持资金供给主体、中介服务机构主体。但是商业资金提供主体包含比如商业银行传统金融机构，小贷公司等民间金融机构、信托等以及处于云端的个人，它们在参与科技型中小企业融资活动中所起的角色和地位截然不同，后续研究中要对此进行深入的分析和探讨，并利用模拟仿真的科学方法对它们之间的竞争合作关系进行深入分析。

2. 科技型中小企业云融资模式的建模与仿真

关于对科技型中小企业云融资模式的建模与仿真，主要考察了不同政府资金扶持水平的融资效率，企业不同创新成功率下的融资效率，监管背景下以及引入多元主体后的云融资模式仿真，并没有考虑企业不同的治理水平等情况，具有一定的局限性。在建模的过程中，为了简化多主体建模具有的复杂性，同时又保证过程的一般性，大部分初始参数的设置主要是依据所获取数据中各指标的均值，同时假定它们服从均匀分布。但是在现实社会中，某些要素指标还可能呈现其他的分布规律或者表达方式。以后的研究中，要进一步丰富多种情况下云融资模式的仿真分析，同时使参数设置更加科学，更加接近现实情况。

3. 科技型中小企业云融资模式的风险收益分析

本书从理论上分析了科技型中小企业云融资模式一定程度上可以化解传统融资方式的风险收益不匹配，但由于参与主体较多，并没有全面地分析不同参与主体在科技型中小企业云融资演化过程中的风险收益情况。以后的研究中云融资模式主体的风险收益要作为重点分析。

附录　调查问卷

您好！

我们正在进行一项学术研究，探讨我国科技型中小企业的融资问题。调研采用匿名的方式，数据仅用于学术研究，无商业用途，问卷填写没有对错。同时，我们承诺对您所提供的一切信息严格保密。希望您能在百忙之中填写问卷。

再次感谢您的大力支持！

一、基本信息

企业名称		注册资本	
注册时间		注册地址	
企业网址		电子邮箱	
部门	①生产②销售③人力④财务⑤其他		
职务	①基层②中层③高层		
行业	①电子信息②生物工程③新材料④制造业⑤文化产业⑥现代农业⑦新能源⑧环保技术⑨其他		
资产总额	①500 万元以下②500 万～1000 万元③1000 万～3000 万元④3000 万～5000 万元⑤5000 万～1 亿元⑥1 亿元以上		
年销售额	①500 万元以下②500 万～1000 万元③1000 万～3000 万元④3000 万～5000 万元⑤5000 万～1 亿元⑥1 亿元以上		
员工人数	①50 人以下②50～100 人③100～200 人④200～500 人⑤500 人以上		

二、要素选择

本部分列出了科技型中小企业融资的若干因素，结合您的经验从该要素对融资的影响程度出发作出判断（请打“√”）。其中，问卷中的1、2、3、4、5分别表示“不重要”“一般”“重要”“很重要”“非常重要”。

量表问项		重要程度				
		1	2	3	4	5
1	资金需求方在融资过程中的重要性					
2	政策性资金供给方在融资中的重要性					
3	商业资金供给方在融资中的重要性					
4	中介服务机构在融资中的重要性					
5	个人资金在融资中的重要性					
6	资金要素的有效流动的重要性					
7	信息要素在融资中的重要性					
8	服务要素在融资中的重要性					
9	知识要素在融资中的重要性					
10	政策环节对融资的影响程度					
11	法制环境对融资的影响程度					
12	文化环境对融资的影响程度					
13	信用环境对融资的影响程度					
14	科技环境对融资的影响程度					
15	平台管理机构对融资的影响程度					

参考文献

[1] Acs Z J, Audretsch D B. *The Determinants of Small Firm Growth in US Manufacturing* [J]. *Applied Economics*, 1990, 22 (2): 143 -154.

[2] Aghion P, Bolton P. *An Income contract Approach to Financial Contracting* [J]. *The Review of Economics Studies*, 1992, 59 (3): 473 -494.

[3] Akerlof G A. *The Market for Lemons: Quality Uncertainty and the Market Mechanism* [J]. *Quarterly Journal of Economics*, 1970 (84): 488 -500.

[4] Alexander Bachmann, Alexander Becker, Daniel Buercker, et al. *Online Peer - to - Peer Lending: A literature Review* [J]. *Journal of Internet Banking and Commerce*, 2011, 16 (2): 1 -18.

[5] Allen Berger N, Gregory Udell F. *Relationship Lending and lines of Credit in Small Firm Finance* [J]. *Journal of Business*, 1995 (68): 351 -382.

[6] Allen Berger N, Gregory Udell F. *The Economics of Small Business Finance: The Roles of Private Equity and Debt Markets in the Financial Growth Cycle* [J]. *Journal of Banking and Finance*, 1998 (22): 613 -673.

[7] Allen Berger N, Gregory Udell F. *Small Business Credit Availability and Relationship Lending: The importance of Bank Organizational Structure* [J]. *Economic Journal, Royal Economic Society*, 2002, 112 (477): 32 -53.

[8] Anne B, John P U, et al. *The Effect of Financial Factors on the Performance of New Venture Companies in High Tech and Knowledge - Intensive Industries: An Empirical Study in Denmark* [J]. *International Journal of Technology Management*, 2003 (12): 535 -547.

[9] Asch L. *Improving Efficiencies in SME Lending with Scoring* [R]. San Rafael, Calif: Fair, Isaac, 2000.

[10] Baltensperger. *Credit Rationing: Issues and Questions* [J]. *Journal of Money Credit and Banking*, 1978 (10): 170 – 183.

[11] Baas T, Schrooten M. *Relationship Banking and SMEs: A Theoretical Analysis* [M]. Berlin: Discussion Paper German Institute of Economic Research, 2005.

[12] Bradley M, Jarrell G A, Kim E H. *On the Existence of an Optimal Capital Structure: Theory and Evidence* [J]. *Journal of Finance*, 1984, 39 (3): 857 – 878.

[13] Berger A N, Miller N H, Petersen M A. *Does Function Follow Organizational Form? Evidence from the Lending Practices of Large and Small Banks* [J]. *Journal of Financial Economics*, 2005 (76): 237 – 269.

[14] Bester H, Hellwig M. *Moral Hazard and Credit Rationing: An Overview of the Issues* [M]. In Agency Theory: Information, and Incentives. Heidelberg: Springer, 1987.

[15] Boot A. *Relationship Lending, What Do We Know* [J]. *Journal of Financial Intermediation*, 2000 (9): 725.

[16] Boyd J H., Prescott E C. *Financial Intermediary – Coalitions* [J]. *Journal of Economic Theory*, 1986, 38: 211 – 232.

[17] McKelvey B. *Complexity theory in organization science: seizing the promise or becoming a fad. Emergence*, 1999 (1): 5 – 25.

[18] Barrow C. The Essence of Small Business [M]. New Jersey: Prentice Hall, 1993.

[19] Collier N. *Repast: an Extensible Framework for Agent Simulation* [EB/OL]. http://repast.sourceforge.net, 2003.

[20] Charles M M, Michael J N. Tutorial on Agent-based Modeling and Simulation Part: ABMs Example [R]. Proceedings of the 2008 Winter Simulation Conference, 2008 (1 – 5): 101 – 112.

[21] Claessens S, Laeven L. *Financial Development, Property Rights, and Growth* [*J*]. *Journal of Finance*, 2003 (58): 2401 –2436.

[22] Cole R A, Goldberg L G, White L J. Cookie Cutter vs. *Character: The Micro Structure of Small Business Lending by Large and Small Banks* [J]. *Journal of Financial and Quantitative Analysis*, 2004, 39 (2): 227 –251.

[23] Durand D. *Cost of Debt and Equity Funds for Business: Trends and Problems of Measurement in Conference on Research on Business Finance* [M]. New York: National Bureau of Economic Research, 1952.

[24] Diamond D. *Reputation Acquisition in Debt Market* [J]. *Journal of Political Economy*, 1989 (51): 393 –414.

[25] Duncan A R. *Agent – Based Modeling Toolkits NetLogo, Repast, and Swarm* [J]. *Academy of Management Learning & Education*, 2005, 4 (4): 525 – 527.

[26] Daniel G, Arce M, Todd S. *The Dilemma of the Prisoners' Dilemmas* [J]. KYKLOS, 2005, 58 (1): 3 –24.

[27] De Meza D, Webb D C. *Efficient Credit Rationing* [J]. European economic review, 1992, 36 (6): 1277 –1290.

[28] Demirguc A, Maksimovic V. *Law, Finance and Firm Growth* [J]. *Journal of Finance*, 1998, 53: 2107 –2137.

[29] Diamond D W. *Debt Maturity Structure and Liquidity Risk* [J]. *Quarterly Journal of Economics*, 1991, 106: 709 –737.

[30] Diamond D W. *Financial Intermediation and Delegated Monitoring* [J]. *Review of Financial Studies*, 1984, 51: 393 –414.

[31] Epstein J M. *Agent-based Computational Models and Generative Social Science* [J]. Complexity, 1999, 4 (5): 41 –60.

[32] Ethan Mollick. The Dynamics of Crowdfunding Determinants of Success and Failure [C]. SSRN Electronic Journal. SSRN. Doi: 10. 2139/ssrn. 2088298, 2012.

[33] Fama E. *What's Different about Banks* [J]. *Journal of Monetary Economical*, 1985 (5): 29 - 39.

[34] Fazzari S M, Hubbard R G, Peterson B C. *Financing Constraints and Corporate Investment* [J]. *Brookings Paper on Economic Activity*, 1988 (1): 141 - 195.

[35] Flannery M J. *Asymmetric Information and Risky Debt Maturity Choice* [J]. *Journal of Finance*, 1986, 41 (2): 19 - 37.

[36] Folta T B, Janney J J. *Strategic Benefits to Firms Issuing Private Equity Placements* [J]. *Strategic Management Journal*, 2004, 25 (3): 223 - 242.

[37] Friedman D. *On Economic Applications of Evolutionary Game Theory* [J]. *Journal of Evolutionary Economics*, 1998 (8): 15 - 43.

[38] Fudenberg D, Levine D K. *The Theory of Learning in Games* [M]. Cambridge, Mass: MIT Press, 1998.

[39] Gassmann O. *Opening up the Innovation Process: towards an Agenda* [J]. *R&D Management*, 2006 (36): 223 - 228.

[40] Gilbert N, Bankes S. *Platforms and Methods for Agent-based Modeling* [J]. *Proceedings of the National Academy of Sciences*, 2002, 99 (3): 7197 - 7198.

[41] Gilbert N. Agent-based Social Simulation: Dealing with Complexity [R]. Working Paper, Centre for Research on Social Simulation, University of Surrey, Guildford, UK, 2004.

[42] Gilbert N, Troitzsch K G. *Simulation for the Social Scientist Second Edition* [M]. USA: Open University Press, 2005.

[43] Gilbert N. Agent-based Social Simulation: Dealing with Complexity [R]. Working Paper, Centre for Research on Social Simulation, University of Surrey, Guildford, UK, 2004.

[44] Goldsmith R W. *Financial Structure and Development* [M]. Maidenhead:

Open University Press, 2005.

[45] Graham J R, Harvey C R. *The theory and Practice of Corporate Finance: Evidence from the Field* [J]. *Journal of Financial Economics*, 2001 (60): 187 - 243.

[46] Greenwald B C, Stiglitz J E. *Financial Market Imperfection and Business Cycles* [J]. *Quarterly Journal of Economics*, 1993 (108): 77 - 114.

[47] Gregory B T, Rutberford M W, Oswald S, Gardiner L. *An Empirical Investigation of the Growth Cycle Theory of Small Firm Financing* [J]. *Journal of Small Business Management*, 2005, 43 (4): 383 - 392.

[48] Hoff K, Stiglitz J E. *Money Lenders and Bankers: Price-increasing Subsidies in a Monopolistically Competitive Market* [J]. *Journal of Development Economics*, 1997, 52 (2): 429 - 462.

[49] Holmes S, Hent P. *An Empirical Analysis of the Financial Structure of Small and Large Australian Manufacturing Enterprises* [J]. *Journal of Small Business Finance*, 1991 (1): 141 - 154.

[50] Houston J, James C. *Do Relationships have Limits? Bank Relationships, Financial Constraints and Investment* [J]. *Journal of Business*, 2001 (74): 347 - 374.

[51] Hubbard R G, Kuttner K N, Palia D N. *Are There Bank Effects in Borrowers' Costs of Funds? Evidence from a Matched Sample of Borrowers and Banks* [J]. *The Journal of Business*, 2002, 75 (4): 559 - 581.

[52] Henry W, Chesbrough. *Open Innovation: The New Imperative for Creating and Profiting from Technology* [M]. Boston: Harvard Business School Press, 2003.

[53] Jaffee D, Modigliani F. *A Theory and Test of Credit Rationing: Reply* [J]. *American Economic Review*, 1976 (66): 918 - 920.

[54] Jensen M C, Meckling W H. *Theory of the Firm: Managerial Behavior, Agency Costs and Capital Structure* [J]. *Journal of Financial Economics*, 1976, 3

(3): 305 - 360.

[55] Jensen M C. *Agency Costs of Free Cash Flow, Corporate Finance, and Takeover* [J]. *American Economics*, 1986, 76 (2): 323 - 330.

[56] Jensen M C, Warner J B. *The Distribution of Power among Corporate Management, Shareholders and Directors* [J]. *Journal of Financial Economics*, 1988, 20 (1/2): 3 - 24.

[57] Peter J P. *Reliability: A Review of Psychometric Basics and Recent Marketing Practices* [J]. *Journal of Marketing Research*, 1979, 16 (1): 6 - 17.

[58] Janzen D H. *When is it Coevolution?* [J]. *Evolution*, 1980, 34 (03): 611 - 612.

[59] Keeton W R. *Equilibruim Credit Rationing* [M]. New York and London: Garland, 1979.

[60] Lang L, Ofek E, Stulz R. *Leverage, Investment, and Firm Growth* [J]. *Journal of Financial Economics*, 1996 (40): 3 - 29.

[61] Leland H E, Pyle D H. *Informational Asymmetries, Financial Structure, and Financial Intermediation* [J]. *The Journal of Finance*, 1977, 32 (2): 371 - 387.

[62] Love I. *Financial Development and Financing Constraints: International Evidence from the Structural Investment Model* [J]. *Review of Financial Studies*, 2003 (16): 765 - 791.

[63] Law A M, Kelton W D. *Simulation Modeling and Analysis Third Edition* [M]. New York: The McGraw - Hill Companies, Inc. , 2000.

[64] Mayers S C, Majluf N S. *Corporate Financing and Investment Decision When Firms Have Information that Investors Do Not Have* [J]. *Journal of Financial Economics*, 1984, 13 (2): 187 - 221.

[65] Macal C M, North M J. Tutorial on Agent-based Modeling and Simulation Part Ⅱ: How to Model with Agents [C]. Proceedings of the 2006 Winter Simulation Conference, 2006: 73 - 83.

[66] Macal C M, North M J. *Agent-based Modeling and Simulation: ABMS Examples* [C]. Proceedings of the 2006 Winter Simulation Conference, 2008, 101 - 112.

[67] Malleson N. *Agent - Based Modeling of Burglary* [D]. Leeds: The University of Leeds, 2010.

[68] Jennings N R. *On Agent - Based Software Engineering* [J]. *Artificial Intelligence*, 2000, 117 (2): 277 - 296.

[69] Malleson N. *Agent - Based Modeling of Burglary* [D]. Leeds: The University of Leeds, 2010.

[70] Miller M. *Credit Reporting Systems and the International Economy* [M]. Cambridge: MIT Press, 2003.

[71] Midgley D, Marks R, Kunchamwat D. *Building and Assurance of Agent - Based Models: An Example and Challenge to the Fields* [J]. *Journal of Business Research*, 2007, 60 (8): 884 - 893.

[72] Modigliani F, Miller M H. *The Cost of Capital, Corporate Finance and the Investment* [J]. *American Economic Review*, 1958, 48 (3): 261 - 297.

[73] Modigliani F, Miller M H. *Corporate Income Taxes and the Cost of Capital: A Correction* [J]. *American Economic Review*, 1963, 53 (3): 433 - 443.

[74] Myers S C. *Capital Structure* [J]. *Journal of Economic Perspectives*, 2001, 15 (2): 81 - 102.

[75] Myers S C. *The Capital Structure Puzzle* [J]. *Journal of Finance*, 1984, 39 (3): 575 - 592.

[76] Niskanean M, Niskanen J. *The Determinants of firm Growth in Small and micro Firms - Evidence on Relationship Lending Effects* [R]. SSRN Working Paper, 2007: 1 - 24.

[77] North M J, Collier N T, Vos J R. *Experiences Creating Three Implementations of the Repast Agent Modeling Toolkit* [J]. *ACM Transactions on Modeling and*

Computer Simulation, 2006, 16 (1): 1 -25.

[78] Nowak M A, Sigmund K. *Evolutionary Dynamics of Biological Game* [J]. *Science*, 2003, 303 (5659): 793 -799.

[79] Philippe Aghion, Patrick Bolton. *An Incomplete Contract Approach to Financial Contracting* [J]. *The Review of Economic Studies*, 1992, 59 (3): 473 - 494.

[80] Pavlou P A. *From IT Leveraging Competence to competence to Competitive Advantage in Turbulent Environments: The case of New Product Development* [J]. Information Systems Research, 2006, 17 (3): 198 -227.

[81] Penrose E T. *The Theory of the Growth of the Firm* [M]. Oxford: Oxford University Press, 1959.

[82] Railsback S F, Lytinen S L, Jackson S K. *Agent-based Simulation Platforms: Review and Development Recommendations* [J]. *Simulation*, 82 (9): 609 - 623.

[83] Robichek A A, Myers S C. *Problems in Theory of Optimal Capital Structure* [J]. *Journal of Financial Quantitative Analysis*, 1996, 1 (2): 1 -35.

[84] Rajan R G, Zingales L. *Financial Dependence and Growth* [J]. *American Economic Review*, 1998, 88 (3): 559 -586.

[85] Rhee J, Park T, Lee D H. *Drivers of Innovativeness and Performance for Innovative SMEs in South Korea: Mediation of Learning Orientation* [J]. *Technovation*, 2010, 30 (1): 65 -75.

[86] Ross S A. *The Determination o Financial Structure: The Incentive Signaling Approach* [J]. *The Bell Journal of Economics*, 1977, 8 (1): 23 -40.

[87] Scott J H Jr. *A Theory of Optimal Capital Structure* [J]. *The Bell Journal of Economics*, 1976, 7 (1): 33 -54.

[88] Seward J K. *On the Efficiency of Internal and External Corporate Control Mechanisms* [J]. *Academy of Management Review*, 1990, 15 (3): 421 -458.

[89] Simon White. Nurturing the Growth of Small Enterprises [R]. Proceed-

ings of International Forum for SME Development, 2001.

[90] Smith J M. *Evolution and the Theory of Games* [M]. Oxford: OxfordUniversity Press, 1982.

[91] Strahan P E, Weston J P. *Small Business Lending and the Changing Structure of the Bank Industry* [J]. *Journal of Banking & Finance*, 1998, 22 (6 -8): 821 -845.

[92] Smith M. *The Theory of Games and the Evolution of Animal Conflict* [J]. *Journal of Theoretical Biology*, 1974, 47 (1): 209 -221.

[93] Stiglitz J E, Weiss A. *Credit Rationing in Markets with Imperfect Information* [J]. *American Economic Review*, 1981, 17 (3): 393 -410.

[94] Taylor P, Jonker L. *Evolutionary Stable Strategies and Game Dynamics* [J]. *Mathematical Biosciences*, 1978 (40): 145 -156.

[95] Troisi A, Wong V, Ratner M A. *An Agent - Based Approach for Modeling Molecular Self - Organization* [J]. *Proceedings of the NationalAcademy of Sciences*, 2005, 102 (2): 255 -260.

[96] Wale J. *How Form Characteristics Affect Capital Structure: an International Comparison* [J]. *Journal of Financial Research*, 1999 (22): 161 -187.

[97] Weston J F, Brigham E F. *Managerial Finance* [M]. Sixth ED, Dryden Press, 1978.

[98] Weibull J. *Evolution, Rationality and Equilibrium in Games* [J]. *European Economic Review*, 1998, 42 (3 -5): 641 -649.

[99] Weibull J. *Evolutionary Game Theory* [M]. Cambridge, MIT Press, 1995.

[100] Wijst D V. *Financial Structure in Small Business: Theory, Tests and Applications* [M]. Berlin and New York: Springe - Verlag, 1989.

[101] Wooldridge M, Jennings N R. *Intelligent Agents: Theory and Practice* [J]. *Knowledge Engineering Review*, 1995, 10 (2): 115 -152.

[102] Wurgler J. *Financial Marker and Allocation of Capital* [J]. *Journal of*

Financial Economics, 2007.

[103] 安春梅. 西方发达国家中小企业融资模式及其启示 [J]. 西北大学学报（哲学社会科学版），2009，39（03）：73-75.

[104] 陈文，王飞. 网络借贷与中小企业融资 [M]. 北京：经济管理出版社，2014.

[105] 陈钰芬. 开放式创新：提升中国企业自主创新能力 [J]. 科学学与科学技术管理，2009，30（04）：81-86.

[106] 陈佳贵. 关于企业生命周期与企业蜕变的探讨 [J]. 中国工业经济，1995（11）：5-13.

[107] 陈敬贵. 企业演化机制研究 [D]. 成都：四川大学，2006.

[108] 陈很荣，范晓虎，吴冲锋. 西方现代企业融资理论述评 [J]. 财经问题研究，2000（08）：62-66.

[109] 陈威如，余卓轩. 平台战略 [M]. 北京：中信出版社，2013.

[110] 陈凯慧. 中小企业融资困境及其金融支持研究 [D]. 武汉：华中科技大学，2004.

[111] 陈晓红. 中小企业融资 [M]. 北京：中国人民大学出版社，2002.

[112] 陈晓红. 中小企业融资创新与信用担保 [M]. 北京：中国人民大学出版社，2003.

[113] 戴淑庚. 高科技产业融资理论、模式、创新 [M]. 北京：中国发展出版社，2005.

[114] 邓彦. 发达国家的科技型中小企业融资政策对我国的启示 [J]. 中国管理信息化（综合版），2007（05）：55-57.

[115] 杜跃平，段利民. 科技型中小企业生命周期与融资方式选择 [J]. 工业技术经济，2004（06）：71-73，105.

[116] 段升森. 中小企业基因重组与转型成长研究 [D]. 济南：山东大学，2013.

[117] 冯旭，罗霞. 对云创新模式的再认识 [J]. 西南民族大学学报（人文社会科学版），2011，32（08）：122-125.

［118］范柏乃，单世涛，陆长生．城市技术创新能力评价指标筛选方法研究［J］．科学学研究，2002（06）：663－668.

［119］郭跃显，李慧军．中小企业融资结构与模式研究［M］．哈尔滨：哈尔滨工程大学出版社，2007：33－34.

［120］何晓群．多元统计分析［M］．北京：中国人民大学出版社，2004.

［121］胡永健，周寄中．政府直接资助强度与企业技术创新投入的关系研究［J］．中国软科学，2008（11）：141－148.

［122］黄凯南．演化博弈与演化经济学［J］．经济研究，2009，44（02）：132－145.

［123］［美］霍兰．隐秩序［M］．周晓牧，韩晖，译．上海：上海科技教育出版社，2000.

［124］姜宝山．高科技中小企业融资实物［M］．北京：中国经济出版社，2007：12.

［125］金学军，陈杭生．从桥隧模式到路衢模式［M］．杭州：浙江大学出版社，2009.

［126］金雪军，卢绍基．融资平台浙江模式创新［M］．杭州：浙江大学出版社，2010.

［127］梁益琳．创新型中小企业成长、融资约束与信贷策略研究［D］．济南：山东大学，2012.

［128］梁益琳，张玉明．基于仿生学的创新型中小企业高成长机制实证研究——来自中国中小上市公司的数据［J］．经济经纬，2011（06）：92－96.

［129］林毅夫，李永军．中小金融机构发展与中小企业融资［J］．经济研究，2001（01）：10－18，53－93.

［130］林汉川．中国中小企业发展机制研究［M］．北京：商务印书馆，2003.

［131］鲁若愚．多主体参与的服务创新［M］．北京：科学出版社，2010.

［132］陆正飞，叶康涛．中国上市公司股权融资偏好解析——偏好股权融资就是缘于融资成本低吗［J］．经济研究，2004（04）：50－59.

[133] 李永宁．科技型中小企业融资缺陷的根源及化解途径［J]．经济纵横，2009（03）：98－100.

[134] 李麟，钱峰．移动金融［M]．北京：清华大学出版社，2013.

[135] 李诗洋．互联网金融时代：中国金融体系何去何从［J]．国际融资，2013（11）：26－28.

[136] 李森森，刘德胜．企业成长理论新进展：非线性成长机制［J]．山东大学学报（哲学社会科学版），2014（01）：131－136.

[137] 李森森．我国科技型小微企业成长的影响因素研究［D]．济南：山东大学，2014.

[138] 刘建兵，柳卸林．企业研究与开发的外部化及对中国的启示［J]．科学学研究，2005（03）：366－371.

[139] 刘扭霞．企业融资方式选择：理论与影响因素［J]．生产力研究，2005（04）：205－206，227.

[140] 刘芬．中小企业融资与银行关系研究综述［J]．北方经贸，2007（10）：113－115.

[141] 刘杉．中小企业融资研究理论综述［J]．南开经济研究，2005（01）：108－112.

[142] 刘德胜．创新型中小企业基因及作用机理研究［D]．济南：山东大学，2011.

[143] 罗明雄，唐颖，刘勇．互联网金融［M]．北京：中国财经经济出版社，2013.

[144] 马秋君．中国高科技企业融资问题研究［M]．北京：北京科学技术出版社，2013.

[145] 彭文华，贾英．中小企业融资问题研究［J]．商场现代化，2008（08）：186－187.

[146] 任丽梅，黄斌．云创新21世纪的创新模式［M]．北京：中共中央党校出版社，2010.

[147] 任曙明，郑阳，张婧阳．科技型中小企业资本结构决策与融资服

务体系［M］. 北京：科学出版社，2010.

［148］任曙明，原毅军. 中小企业与金融中介在债务融资中的博弈分析——中小企业融资难的另一新解释［J］. 大连理工大学学报（社会科学版），2006（04）：18－22.

［149］［美］斯蒂格利茨. 经济学［M］. 高鸿业，等译. 北京：中国人民大学出版社，1997.

［150］史建平. 中国中小企业金融服务发展报告［M］. 北京：中国金融出版社，2013.

［151］孙建强，许秀梅，高洁. 企业生命周期的界定及其阶段分析［J］. 商业研究，2003（18）：12－14.

［152］覃豪. 广东民营科技中小企业金融支持研究［D］. 广州：暨南大学，2012.

［153］汤继强. 我国科技型中小企业融资政策研究：基于政府的视角［M］. 北京：中国财政经济出版社，2008：26.

［154］涂子沛. 数据［M］. 桂林：广西师范大学出版，2013.

［155］田芬，黄东石，秦艳梅. 支持中小企业发展的融资体系研究［M］. 北京：经济科学出版社，2012.

［156］［法］梯若尔. 公司金融理论［M］. 王永钦，等译. 北京：中国人民大学出版社，2007.

［157］尚增健. 渐进式技术创新：科技型中小企业的成长路径——成长型中小企业成长机理的个案分析［J］. 管理世界，2002（06）：124－133.

［158］吴博. 高科技企业资本结构及其优化研究［D］. 成都：四川大学，2006.

［159］吴群. 中小企业关系型融资的机制创新与现实意义［J］. 现代经济探讨，2009（10）：29－32.

［160］王洪生，张玉明. 云创新模式的动因、特征及应用研究［J］. 东南学术，2015（02）：166－173.

［161］王洪生，张玉明. 科技型中小企业云融资模式研究——基于云创

新视角 [J]. 科技管理研究, 2014, 34 (13): 76 - 81.

[162] 王洪生, 张玉明. 中小企业的云创新流程研究 [J]. 中国海洋大学学报 (社会科学版), 2014 (02): 60 - 64.

[163] 王洪生, 刘德胜. 企业家背景特征、竞争战略与中小企业成长——基于中小制造业上市公司实证 [J]. 北京理工大学学报 (社会科学版), 2014, 16 (03): 75 - 82.

[164] 王洪生, 张玉明. 科技型中小企业云创新范式研究 [J]. 求索, 2015 (01): 83 - 87.

[165] 王洪生, 张玉明. 中国低碳工业化自主创新系统模型构建研究——基于复杂适应系统理论的视角 [J]. 财经问题研究, 2014 (12): 25 - 29.

[166] 王洪生. 金融环境、融资能力与中小型科技企业成长 [J]. 当代经济研究, 2014 (03): 86 - 91.

[167] 王洪生. 科技型中小企业云融资模式建模与仿真研究 [J]. 山东大学学报 (哲学社会科学版), 2015 (02): 49 - 59.

[168] 王萍. 信用文化与融资环境 [N]. 金融时报, 2013 - 08 - 09.

[169] 王振宇. 我国中小企业融资状况与前景 [J]. 经济视角, 2006 (04): 48 - 50.

[170] 王淑贤. 基于 CAS 视角的企业集成创新研究 [J]. 科技进步与对策, 2008 (11): 128 - 131.

[171] 谢平, 邹传伟. 互联网金融模式研究 [J]. 金融研究, 2012 (12): 11 - 22.

[172] 徐洪水. 金融缺口和交易成本最小化: 中小企业融资难题的成因研究与政策路径——理论分析与宁波个案实证研究 [J]. 金融研究, 2001 (11): 47 - 53.

[173] 肖本华. 美国众筹融资模式的发展及其对我国的启示 [J]. 南方金融, 2013 (01): 52 - 56.

[174] 姚益龙. 中小企业融资问题研究 [M]. 北京: 经济管理出版社, 2012.

[175] 姚莲芳，谢琼．中小企业融资环境优化路径与策略研究——基于武汉市中小企业融资环境的调查［J］．学习与实践，2012（08）：30－36.

[176] 杨丰来，黄永航．企业治理结构、信息不对称与中小企业融资［J］．金融研究，2006（05）：159－166.

[177] 油晓峰．我国上市公司债权人监控弱化及其治理途径［J］．投资研究，2008（08）：20－24.

[178] 阮垂玲，费芳．金融与中小企业融资研究［J］．现代商贸工业，2008（01）：29－30.

[179] 于春红．我国高新技术企业融资体系研究［D］．哈尔滨：哈尔滨工程大学，2006.

[180] 赵弘，赵燕霞．中关村科技型企业融资情况调查［J］．中国经贸导刊，2006（12）：44－46.

[181] 赵晗萍，冯允成，蒋家东．进化博弈模型中有限理性个体学习机制设计框架［J］．系统工程，2005（09）：20－23.

[182] 赵昕．我国高新技术产业融资制度创新研究［D］．杨凌：西北农林科技大学，2004.

[183] 朱卫杰，鲁若愚．创新模式的演化机理——基于参与主体的角度［J］．科技和产业，2013，13（12）：137－141.

[184] 张维迎．博弈论与信息经济学［M］．上海：上海人民出版社，2003.

[185] 张捷．中小企业的关系型借贷与银行组织结构［J］．经济研究，2002（06）：32－37，54－94.

[186] 张捷，王霄．中小企业金融成长周期与融资结构变化［J］．世界经济，2002（09）：63－70.

[187] 张洪刚．合约理论视角下的资本结构和企业价值——来自信息技术企业的证据［J］．江西财经大学学报，2008（03）：21－25.

[188] 张鲁秀．企业低碳自主创新金融支持体系研究［D］．济南：山东大学，2012.

[189] 张会荣. 中小企业成长文化基因及其作用机理研究 [D]. 济南: 山东大学, 2014.

[190] 张正平, 胡夏露. P2P 网络借贷: 国际发展与中国实践 [J]. 北京工商大学学报 (社会科学版), 2013, 28 (02): 87-94.

[191] 张玉明, 王洪生. 复杂适应系统视角下的互联网金融特征及运作机制研究 [J]. 山东大学学报 (哲学社会科学版), 2014 (05): 23-32.

[192] 张玉明, 王洪生. 基于云创新的政府管理创新研究 [J]. 东南学术, 2014 (02): 73-78.

[193] 张玉明. 资本结构优化与高新技术企业融资策略 [M]. 上海: 上海三联书店, 2003.

[194] 张玉明. 中小型科技企业成长机制 [M]. 北京: 经济科学出版社, 2011.

[195] 张玉明. 云创新理论与应用 [M]. 北京: 经济科学出版社, 2013: 105-12.

[196] 张玉明. 小微企业互联网金融融资模式研究 [J]. 会计之友, 2014 (18): 2-5.

[197] 张玉明. 高新技术企业成长规律与融资策略 [J]. 东岳论丛, 2003 (03): 67-70.

[198] 张玉明, 邓志钦, 李娓娓. 资本结构理论的再探讨: 中小型高新技术企业融资策略 [J]. 科技管理研究, 2005 (12): 148-151.

[199] 张玉明, 段升森. 中小企业成长能力评价体系研究 [J]. 科研管理, 2012, 33 (07): 98-105.

[200] 张伟. 美国互联网金融: 形态各异, 羽翼未丰 [N]. 经济日报, 2013-11-11.

[201] 周国红, 陆立军. 科技型中小企业成长环境评价指标体系的构建 [J]. 数量经济技术经济研究, 2002 (02): 32-35.

[202] 周松兰. 创新型中小企业的界定与评价 [J]. 中国国情国力, 2008 (02): 19-21.

［203］周松兰．我国创新型中小企业的扶持政策研究［J］．工业技术经济，2009，28（05）：16－18.

［204］朱武祥．产品市场竞争与企业融资行为及资本结构［D］．北京：清华大学，2002.